朽チナイ恐怖

営業のK

竹書房
怪談
文庫

目次

※本書に登場する人物名は、様々な事情を考慮して全て仮名にしてあります。また、作中に登場する体験者の記憶と体験当時の世相を鑑み、極力当時の様相を再現するよう心がけています。現代においては若干耳慣れない言葉・表記が登場する場合がありますが、これらは差別・侮蔑を意図する考えに基づくものではありません。

増穂浦海岸

増穂浦海岸は石川県の志賀町という場所にあり、桜貝などの小貝が沢山採れる砂浜として、また以前はギネスにも認定されていたほどの長いベンチが置かれた海岸として、能登地方の観光名所となっている。

実は俺の母方の実家が、この海岸の程近くにある。子供の頃には母に連れられてよくその海岸に遊びに行ったものだ。

勿論《もちろん》、その当時は今のような観光名所という趣は微塵《みじん》もなく、ただの静かな海岸であった。どちらかというと物寂しく、一人きりでいると何だか怖くなってしまった記憶しか残っていない。

その当時から、その海岸には一つのルールが存在した。

それは海で遊んでいても、雨が降り始めたらすぐにその海岸から離れなければいけない、というものだった。

別に波が高くなるとか、雨に濡れて風邪を引くからという理由ではないのだ。

その海岸には、雨が降ると忽然《こつぜん》と女が現れる——。

そして、雨の浜辺で遊んでいる者をそのまま海の中へ引きずり込んでしまうという言い伝えがあったからであった。

当然ながら、幼い頃の俺はそんな言い伝えなど信じてはいなかった。

しかし、その地で生まれ育った俺の母親はそうではなかった。俺に言い聞かせる顔は明らかにその言い伝えを信じ、そして恐れている顔つきだったのを今でも鮮明に覚えている。

ただの言い伝え——。

しかし、それは現代でもその海岸に染みついているリアルなのかもしれない。

その証拠に、今でも地元の人達は雨の日には海岸には近づかないようにしている。

そして何より、その辺りでは見かけない女が何度も浜辺で目撃されている。

目撃証言は皆同じ。

ワンピースに麦わら帽子を被った、髪の長い女だという。

無論、ただの観光客と考えることもできなくはない。だが、観光客だとして、毎回同じ服に麦わら帽子を被ったスタイルの女が現れることなどあり得るだろうか。

しかも、それは夏だけではないのだ。雨が降る日は秋も、冬も、女は麦わら帽子を被って浜辺に現れる。

そこまでくると、女を観光客だと断じるのはかなり無理がある気がする。


雨の降る中、女は海岸にあるベンチに座ったまま動かない。

そのまま誰も海岸にやってこなければ、知らぬ間に消えているという。

だが、時折言い伝えを知らぬ誰かが海岸にやってくることがある。

遠目に目撃した人によると、女はベンチから立ち上がり、その人に近づいていって、ずっと何かを喋りかけているそうだ。

会話をしているという雰囲気ではなく、ただ一方的に横につき、しきりに話しかけているような様子であったという。

その後、ふと瞬きした合間に女の姿は消えてしまう。じっと見ていたはずなのに、ほんの一瞬でその姿を見失ってしまう。

後には海岸にやってきたよそ者だけがぽつりと残されている。

そしてその人は、突如差していた傘を力なく放ると、ふらふらと海の中に入っていくのだという。

「ああなったら、もう助からないんだわ……」

俺の従弟はこわばった顔でそう話してくれた。

落ちている髪

これは仕事関係の女性から聞いた話になる。

彼女は息子さんが大阪、そして娘さんが東京で就職し、現在は金沢市中心部に夫とお姑さんと三人で暮らしている。

彼女の夫というのが会社の経営者で、彼女自身もその会社で専務の要職に就いており、それなりに裕福な生活を送っている。

当然のことながら、住んでいる家は鉄筋三階建てのモダンな豪邸だった。

庶民からすると全く羨ましい限りなのだが、今回書くのはその三階建ての豪邸で起こった怪異である。


その家は、高齢者の同居する三階建てということで、しっかりと家庭用のエレベータも完備されていた。もっとも三階は年若い息子さんと娘さんが使っていた部屋しかなく、二人が巣立った今となっては、三階へ行くのは掃除のときくらいしかないのだという。

コロナの影響もあって息子さんも娘さんも、ここ一年ほどは全く家に帰ってくることはないのだが、それでも主婦としては掃除を怠る訳にはいかないのだろう。月に一度は、息子さんと娘さんの部屋を掃除しているそうなのだが、あるとき、息子さんの部屋に長い髪の毛が落ちているのを見つけたのだという。

彼女自身はもうずっとショートカットであるし、そのときは娘さんの髪が落ちていたのだろうと思い、そのまま掃除を続けたそうだ。

ただ、よくよく考えるとやはり腑に落ちないことではあった。

娘さんは一年以上、家に戻ってきていなかったし、何より娘さんが息子さんの部屋に入るところなど一度も見たことがない。

しかし、そのときはあまり深くは考えなかった。

それからひと月後。

再び掃除のために三階に上がった彼女は、またしても息子さんの部屋に長い髪が落ちているのを発見した。

しかも、今度は一本だけではない。数本の髪が落ちていたそうだ。

（……一か月前に掃除したのに、何故？）

そう思うとにわかに気味が悪くなり、そのときは二度と長い髪が落ちていないようにと念入りに掃除したのだという。

しかし、その願いはあっさりと打ち砕かれる。またひと月後の掃除の際、やはり彼女は息子さんの部屋に落ちている長い髪の毛を発見してしまった。

さすがにおかしいと思った彼女は、もしかしたらこの家には誰かが隠れ棲んでいるのではないかと思い、業者さんに頼んで全ての天井裏を調べてもらった。

どうやら以前、外国のニュースで浮浪者が天井裏に棲みつき、夜中に這い出してきては冷蔵庫の食糧を盗み食べていたという事件をテレビで観たことがあったらしく、それを思い出したのだそうだ。

だが、調査の結果、天井裏に誰かが隠れ棲んでいるような形跡はどこにも見つからなかった。

そこで彼女は、とうとう俺に相談してきた。

つまり、これはもしかすると霊的なものなのかもしれない——そう思って。

実は、彼女から相談の電話を受けた時点で、この家の様子は既におかしかった。

経緯を説明する彼女の声に混じり、別の女の声が聞こえるのだ。

「あれ？　近くに誰か他の女の人がいる？　お姑さん？」

そう聞くと、彼女はきょとんとして私一人よ、という。

さすがにこれは一度その家を見てみたいと思い、そういったものは一切信じないという彼女の夫が不在のときを見計らって訪問することにした。

その家の門前に立ったとき、とにかく嫌な空気を強く感じた。

まるで、他人の訪問を拒むかのような、ピリピリとした空気感に圧倒される。肌を刺されるような感覚があるのだ。

これはもう、霊的な何かが絡んでいるに違いない……。

内心、そう覚悟してその家に上がった。

ところが、いざ中にお邪魔してみると特に何も感じられなかった。玄関先で感じた敵意は何だったのだろうと拍子抜けするくらいであった。

しかし、それは一階と二階までの話。

彼女の案内で、二階のリビングから階段で三階に上っている途中のこと、急に冷たくなった空気に、思わず足を止めた。

初夏だというのに、まるで真冬のような凍り付いた空気が身を包んだのだ。それは階段を上っていくにつれて、どんどん酷くなっていく。

彼女の手前、怖がっている素振りを見せる訳にもいかず、俺はそのまま平静を装って三階の廊下へと上がった。

——と、それと同時に前方左側の部屋のドアが、パタンという音とともに内側に向かって閉められた。

「誰かいるんですか?」

目の前で実際に見た光景に驚いて問うと、彼女は震え声で答えた。

「いいえ。誰もいません……」

「もしかして……息子さんの部屋というのはあの左側の部屋ですか?」

彼女は無言で首を縦に振った。

俺は自分を鼓舞するかのようにわざと勢いよく前に進み、思い切ってそのドアを開けた。

無論、誰もいるはずはなかった。

部屋は綺麗に片付いている。いつ息子さんが戻ってきてもいいように、掃除が行き届いているのは勿論のこと、息子さんが生活していた当時のままで保たれているのだろう。今も誰かがその部屋で生活しているかのような、不思議な空気が感じられた。

そして、懸念の床を見てみるが、彼女が言うような長い髪の毛は一本も落ちてはいなかった。何度隅まで目を凝らしても、それらしいものはない。

ただ、俺にはそれよりも気になることがあった。

その日の天気は晴れ。

そしてこの部屋は三階の南向き。

にも拘わらず、部屋の中がやけに暗く感じられた。

そのせいか妙に息苦しい。

「ちょっと窓開けていいかな？」

俺は彼女の了解を得てから、部屋の南側にある押し出し式の窓を開こうとした。

レースのカーテンを開け、窓の取っ手に手を伸ばそうとしたとき、俺は一瞬で体が硬直した。

同時にぶわりと全身に鳥肌が立つ。

目の前の窓ガラスには、わざと綺麗に並べたように長い髪の毛が縦に並べて貼り付けられておりその様はまるで網戸のように見えた。

つまり、部屋が暗くなるほどにぎっしりと窓ガラスに貼り付けられた、長い髪の毛のせいで、部屋が暗くなっていたのだ。

(これ……いったい何本あるんだ?)

俺は彼女に気付かれないように静かにカーテンを閉じた。

こんなものを見てしまったら最後、この家には住めなくなってしまうような気がしたからである。

気をとりなおして、今度はベッドの下を見せてもらうことにした。

床に這いつくばるようにしてベッドの下に頭を入れ、持参した懐中電灯で照らしてみる。

怪しいとしたらここだろうと思ったが、やはり長い髪の毛など一本も落ちてはいなかった。

（気のせいだったかな……）

そう思ってベッドの下から体を起こそうとしたとき――俺は、見てしまった。

ベッドの下のフレームに、長い髪の毛の束が巻き付くようにしてとぐろを巻いているところを。

「わっ」

思わず声を出して立ち上がった瞬間、廊下から大きな音が聞こえた。

二人ではっと顔を見合わせ、急いで部屋の外に出る。

廊下から身を乗り出すように階下を覗くと、二階の廊下で粉々になって壊れている掃除機が目に入った。

（これ以上、ここにいたら危ない……）

そう考えた俺は急いで彼女を促し、二階のリビングに戻ることにした。

下りている最中も、三階からは異様な気配がしていた。背中に刺さってくる視線に何度も背後を振り返るが、やはりそこには誰もいない。

ようやく二階の廊下に降り立ち、そこで粉々に壊れた掃除機を見た俺は、彼女にこうアドバイスした。

「もう三階の掃除はよしたほうがいいと思う」

しかし、そう口にした瞬間、今度は三階の廊下から何かを壁に叩きつけたような衝撃音がはっきりと聞こえた。そしてそれが砕け散る音も。

俺はごくりと唾をのみ込むと、改めて彼女にこう言った。

「三階に行っては駄目です。三階に上がる階段も危険です」

だから絶対に近寄らないで、と。


現在、その家の三階にはお清めの塩と霊験あらたかな護符が無数に貼られている。

そして三階の階段の上り口と二階の階段の下り口の間にはバリケードのような壁が築かれ、しっかりと塞がれている。三階に上れないだけでなく、あれが二階に下りてこられないよう、厳重に隔離されているのだ。

だが、それらの処置を施した霊能者の話では、今はそれが精一杯なのだという。

その家に棲みついたモノを家の外に追い払うのにはまだ数年は掛かるだろうとのことだった。

現在、その部屋の主だった息子さん自身に何か害が及んだという話は出ていない。それだけが救いともいえる。
三階を封印してからというもの、頻繁に誰かが三階の廊下を歩いている足音や女の奇声が聞こえてくるそうだ。

いったいその女が誰なのか？
どうしてその家の三階に棲みついてしまったのか？

それに関しては一切心当たりがないそうだ。

二十人坂

金沢市内に二十人坂という道がある。

両脇には古い町並みが残っており、細くくねくねと曲がりくねった坂道が続く。

町並みのみならず、道自体もかなり古いものであるが、以前は大学病院前の通りに出るための唯一の近道だったので、それなりに利用者は多かった。

ところが、近くに片側二車線の開放的な道路が完成すると、一気にその道を利用する者が減った。

元々、決して明るい雰囲気の坂道ではなかった。

だが、人の気配がなくなると、何やら別の意味の暗さを感じるようになった。

たまにその坂道を利用してみても、見かけるのは歩行者がせいぜい一人か二人。車の通行は本当に見られない。

暗い場所には、明るさを厭うモノが棲みやすく、そうしたモノ達が集まってきてしまうのだろうか。

いつしか俺はその坂道で人外のモノの姿を視てしまうようになった。

道の端に立って、じっと俯いている女性の姿。

坂道を歩いている男性の脇を、速度を落として車で通過しようとすれば、不意にその姿が透けていることに気付く。

坂道の横に古い廃屋が立っているのだが、そこからじっとこちらを見つめてくる男の子がいつもいる。

それらは皆、明らかに生きている人間ではないと思う。

しかし、不思議と怖さは感じられない。

古い町並みに溶け込むように存在する彼らの姿は、俺にとってはある意味懐かしさを覚えるような存在だ。

大抵は、そうである。

＊

知人に、この二十人坂から少し小路を入った場所に住んでいる方がいる。

俺の仕事関係で知り合った社長さんで、よく一緒に飲みに行く。

そういうときはいつもその社長さんが俺の自宅まで迎えに来てくれて、そのまま社長の自宅まで戻り、そこから今度は社長の奥さんの車で飲み屋街まで送ってもらうというのがいつものパターンだった。


その夜も社長のお迎えで二十人坂近くの社長宅まで連れてこられた俺は、社長の支度が調うまでぼんやりと家の外で景色を眺めながら時間を潰していた。

いつもならば、午後六時にはその場所にいたはずであるが、その日は俺の仕事が忙しく、社長の車に乗せられて御自宅前で降ろされたときには、午後九時を回ってしまっていた。

既に辺りは真っ暗であり、こんな夜道を一人で歩きたくはないな、と思うほどに闇が深かった。

とにかくここは、街灯というものが少なすぎるのだ。

古い町並みと相まって、まるで異世界にでも取り残されたかのような気分になる。

そして、辺りが真っ暗だとつい明かりを求めて視線を彷徨《さまよ》わせてしまうのは人間の性だろうか。

俺はそこで、不思議な光景を見てしまった。

光を求めて泳がせた視線の先に、ひと際眩しい場所が目に留まった。

どうやら上を走る国道沿いに建つ、かなり大きめのマンションのようだった。

その最上階が、オレンジ色の四角い光を放っている。

どうやらこちらから見える側が全面ガラス張りになっているようで、暗闇の中で明かりの灯ったその部屋だけが、眩しいくらいに浮かび上がって見えるのだ。

まるで、天空に浮かんだ光の空間……。

そんな風に見えた。

俺のいる場所からその部屋まで、実際はかなりの距離があるのだろう。だが光のせいか、すぐ側にあるように錯覚してしまう。

(何だか覗き見しているみたいで悪いな……)

不意に申し訳ない気持ちになった俺は、その部屋からそっと視線を外そうとした。

——が、それはできなかった。

俺にとって、見過ごせないモノがその部屋にいたのに気付いてしまったからだ。

明かりの点いたその部屋には、カップルらしき二人の姿が見えた。

四十代らしき男性と二十代に見える女性。

窓際に立ち外を眺めている男性と、その男性の後ろから外を眺める女性の姿。

しかし、その光景に俺は強い違和感を覚えた。

何かに悩んでいるのか、苦悶の表情を浮かべる男性とは裏腹に、背後に立つ女性の顔は嬉々として、気持ち悪いほどに満面の笑みを浮かべていた。

そして、背後に立つ女性のほうが男性よりも二、三十センチほど背が高く見えた。

確かにそれくらいの身長差があるカップルがいても、おかしくはないかもしれない。

しかし、女性の顔は男の背後にあるが、その体はというと、まるで蛇のようにグルグルとその男性の体に巻き付いているように見えるのだ。

気が付けば、俺はその光景から目が離せなくなってしまっていた。

もはや興味本位からではない。

蛇に睨まれたカエルのごとく、俺は自分の意思でそこから視線を外すことができなくなっていた。

どれだけその光景を見つめていただろうか。

一瞬、その部屋にいる女性と目が合った気がした。と同時に、俺ははっとしてその場から少し、視線をずらすことができた。

しかし、ずらした先に見えたのは、窓の外側の壁にヤモリのように張り付いた、何人かの女の姿だった。

そのとき、俺の後方から勢いよく玄関扉が開く音がした。

「Kさん、お待たせ！」

陽気な社長の声に、シャボン玉がはじけるように呪縛が解ける。

ねじれたゴムの輪が一瞬で元に戻るが如く、異界は見慣れた世界に戻っていた。

助かった……。

冷たい汗が一筋、みぞおちに垂れる。

正に、救われたような心持ちだった。

それから社長の奥さんの車で飲み屋街まで送ってもらったが、車の中で考えていたのは先ほど見た光景のことばかりだった。

あれはやっぱり普通じゃなかった。

(きっとあの男性はもうすぐ……)

そんなことを考えてしまうその夜の酒は、少しも美味しく感じられなかった。

それからもその社長と飲みに行く機会は多かったが、あの夜以来、頭上のマンションの部屋はカーテンが閉まったままで、明かりさえ点いているのを見たことがない。

あの男性が無事に生きていることを祈るばかりである。

呪いの顛末《てんまつ》

人を呪わば穴二つ。

本当にその通りだと思う。

どれだけ正当な理由が存在していたとしても、呪いはあくまで「禁忌」。

最近ではインターネットを利用した「呪いの代行業」というものに、それなりに需要があると聞く。

そして、ごく身近にあるＳＮＳでも、誹謗《ひぼう》中傷が横行し、それによって深い心の傷を負ってしまう者も少なくないだろう。

ただ、呪いというものは術者に依頼したり、呪いの道具を使ったりするだけが、そのカテゴリーに含まれる訳ではない。

送り手に悪意や恨みの念があれば、たとえ方法が稚拙でも、それによって受け手が甚大なダメージを被ることもある。

結局は、込める想い、念――。

呪いというものは情念で成立してしまうとも言える。

だから、呪うという明確な自覚のないままに相手に邪念を送ってしまった者にも、それ相応のしっぺ返しが戻ってくることも当然ある。

これから話すのはそんな言葉の意味がとてもよく分かる話だ。


彼女はその頃、同じ会社の同僚男性と付き合っていた。

職場には他に、Sという仲の良い同僚女性もいた。

Sは彼女の後輩に当たり、妹のような存在であった。Sのほうも彼女を慕って甘えてくれるので、何かと世話を焼いてあげていたそうだ。

付き合いは公私に及び、休みの日には彼氏と三人で一緒に遊びに行くことも多かったという。


そんなある日、彼氏に呼び出された彼女は突然別れを告げられた。

彼女にしてみれば青天の霹靂《へきれき》。予想だにしないことで、別れる理由が何一つ思い当たらなかった。

喧嘩した訳でもなかったし、つい昨日までいつも通りに仲良く過ごしていたのだから。

しかし、そのうちに彼氏が別れを告げた理由が判明した。

原因はSだった。

別れた彼とSが付き合っていると聞いたとき、彼女は自分の耳を疑った。

どうしても信じられず、一度Sを呼び出して問い詰めた。

すると、Sはふてぶてしい態度で、あっさりとその事実を認めた。


翌日から彼女は三日間ほど会社を休んだ。

とても、平静を装って、一緒に働くことはできないと思ったからだ。

そして、二日間の休みの間に何とか平常心を取り戻して会社に出社したのだが、今度は何やら周囲の様子がおかしかった。

その理由は、仲の良かった別の同僚にこっそりと教えてもらうことで判明した。

Sにあらぬ噂を流されていたのだ。

それは道徳的に問題のあることから、法に触れるような反社会的なことまで様々であったが、どれも酷い中傷だった。

勿論、彼女には全く身に覚えのないことばかりだ。

しかし、噂というのは一度火が点いてしまうと誰にも止められない。小さな会社の中の狭い人間関係ではなおさらだった。

結局、彼女は逃げるように会社を辞めた。


しばらくは自宅マンションで泣き明かした。

人というものが完全に信用できなくなっていた。

それでも何とかして、以前の自分に戻ろうとしたがそれは失敗に終わった。

切り替えよう、生まれ変わろうとしても、苦い記憶に囚われ、それが頭から離れない。

絶望と悲しみは、やがて怒りと恨みの念へと変わっていった。

そうして気が付いたときには、彼女は必死になってネットを使い、報復の方法ばかりを考えるようになっていた。

そして、辿り着いたのが「呪い」というものだった。


会社を辞めた彼女に、呪いを生業としている術者や代行業者に依頼する金銭的な余裕はなかった。

しかし、相手の持ち物や髪などが手に入るならば、自分一人でも呪うことは可能だと知った彼女は、すぐに行動に出た。

以前は仲良く互いの家を行き来し、遊んでいた仲だ。部屋を探せば、Sの髪の毛や私物を用意することはさほど難しいことではなかった。

ただ、さすがにそれを持って丑の刻に、深い森の奥に行くような勇気は持ち合わせていなかった。

代わりに、彼女は自分が一番残酷だと思える方法で、Sの髪の毛や私物をネットで購入した藁人形に詰め込み、それを泥水に沈め、ズタズタに引き裂いてから乾かし、火を点けて燃やした。

つまり、憎いとは思っても、本来の呪いの作法を周到に行って確実に呪おうとした訳ではなく、もしかすると彼女は、自分の気持ちをすっきりさせたかっただけなのかもしれない、とも思う。

呪いの効果、結果よりも、行為と過程そのものがそのときの彼女には重要であり、心の安定のために必要だったのではないかと。

しかし、それから一週間ほどたった頃、彼女にSの訃報が届いた。

歩道を歩いていたSは突然突っ込んできた大型車に巻き込まれて即死した。

その遺体はズタズタに引き裂かれ、血だらけの状態で見つかった。

手足も吹き飛び、一番大きかった塊は顔と半分になった上半身だけだったが、それすらもかなりの損傷具合で、とても正視できるものではなかったと聞かされた。

それを聞いたとき、彼女の中にほんの一瞬歓喜の情が湧き上がったが、すぐにそれは恐怖心へと変わった。

確かに自分はSに対して呪いを掛けた。

しかし、それで本当にSが死ぬとは思ってもいなかった。

だが、結果的に自分がSを呪い殺してしまったのかもしれないという罪悪感と、同時に呪いというものが本当に存在し、それによって人の命を奪ってしまうのだという事実に震撼した。

彼女は、本気で後悔したという。

Sの葬儀にも顔を出して、しっかりと手を合わせて冥福を祈った。

——もう二度と呪いなどというものに手は出さないでおこう。

彼女はそう心に誓った。


しかし、全ては遅すぎたのかもしれない。

彼女はそれから、社会復帰ができなくなった。

最初は精神的なものだったのかもしれない。

しかし、しばらくして彼女の体に少しずつ、焦げ痕のような斑点ができていった。

黒斑は次第に全身に広がっていき、今では体の殆《ほとん》どが真っ黒に炭素化してしまっている。

原因は不明で、何人もの医師に相談したが、どうすることもできないのが現状だ。

彼女の体にできている黒い斑点は、明らかに火事の現場で焼死した者に見られる状態だと診断されている。

彼女を診た医師達皆は、驚きを隠さなかった。

どうして体の大部分が炭素化し、真っ黒になっている状態で、生命を維持できているのだろうか、と。

俺はいつものようにAさんに尋ねてみた。

するとAさんは、物憂げな顔で溜め息を吐き、こう答えた。

そうですね……それは間違いなく呪いが帰ってきたものだと思いますよ。呪いにとって一番重要なのは、その作法や方法ではなく、呪う側の恨みの大きさですから。

その彼女はきっと凄まじい恨みの念を込めてしまったんでしょうね。

そうなったら、もう助かりません……。

呪った側も呪われた側も。

だから、彼女はこの先、死ぬことも許されないと思います。

ずっと真っ黒になった体で、寝たきりのまま生きていかなければならない……寿命が尽きるまでずっとね。

だから、絶対に呪いなんかしてはいけないんです。

呪いによって、どちらかが救われたり、幸せになったりすることなんて絶対にありませんから――。

俺が彼女の見舞いに行きこの話を聞いたときにはもう、彼女は体の殆どが炭素化して、とても生きている人間には見えなかった。

あれから半年以上経つが、幸か不幸か、彼女の訃報は届いていない。

今頃彼女は完全に黒い塊になり、それでも死なせてはもらえずに闇の中にいるのかもしれない。

腐っていく理由

現代医学では割り切れない話がもう一つある。

これも俺が人づてに知り合った女性の体験だ。


彼女には幼い頃に辛い記憶があった。

彼女がまだ小学校に上がる前の夏休み、家族で親戚の家に帰省した。

幼児用のプールでしか泳いだ経験がなかった彼女は、そこで生まれて初めての海水浴を経験した。

最初は両親がしっかりと手を掴んでくれていたが、どうやら彼女には泳ぎの才能があったらしく、すぐに浮き輪もなしに一人で泳げるようになった。

その姿に両親達は安心してしまったのだろう。

彼女は従姉妹達と一緒に両親から離れて泳ぐことになったのだという。

それは彼女が悪い訳でもなく、ある意味、両親の判断ミスに他ならなかった。

結果として、海に慣れていない彼女は沖へ流されてしまった。

両親は慌てて助けようとしたが、それよりも早く彼女を助けに行ったのが彼女の従姉妹のうちで最年長だった、当時中学二年生の女の子だった。

その女の子のお陰で彼女は助かったが、岸に戻る途中に力尽き、従姉妹は海の中へと沈んでいってしまったという。

懸命な捜索が続けられたが、不思議なことに従姉妹の遺体はそのまま ついぞ見つかることはなかった。


それからというもの、彼女は海で泳ぐことはおろか、プールにすら近づくことができなくなった。

彼女にとってその事故は、完全なトラウマになってしまったのである。

自分を助けた代わりに、大好きな従姉妹が死んでしまったのだから、それも無理からぬ話だろうと思う。

最初の頃は水で手を洗うのすら困難だったそうだが、それから月日が経ち、社会人となり、結婚して子供ができた頃には、ようやくそのトラウマも幾らか薄らいできた。

仕事と子育てに忙殺される日々に、昔のことを思い出す余裕がなくなってきたと言ったほうが正しいかもしれない。

そんな彼女が体の異変に気付いたのは、三十歳になってすぐのことだった。

その異変とは皮膚がブヨブヨになって腐り、その後干涸《ひか》らびてミイラ化してしまうという謎の症状だった。

病院に行っても明確な診断結果が出ることはなく、処方される薬も全く効果が得られなかった。どんな薬を飲んでも、どんな薬を塗っても、一向にその症状を止めることはかなわなかったという。

ただ、唯一の救いだったのは、その症状が足の指先からゆっくりと、少しずつ体の上部へと広がっていったことだった。

しかし彼女にしてみれば、日々ゆっくりと自分の体が侵食されていく恐怖は生き地獄でしかない。

西洋医学で駄目ならと漢方薬や鍼灸治療なども試したが、やはり彼女の症状を止めることはできなかった。

そして、彼女は藁にも縋《すが》る思いで、人づてに霊能者を紹介してもらうことにした。もはやその原因について科学を超えたところにしか見いだせず、その霊能者に大金を払って悪いモノを祓ってもらったのだという。


しかし、そうした行為がかえって悪影響を及ぼすこともある。

結果的に、彼女は病気の進行を抑えるどころか、逆に速めてしまった。

ほんの半年ほどで両足がブヨブヨになり、その後腐ってミイラ化した。

とうとう両足を切断した彼女は自力で歩けなくなり、車椅子での生活を余儀なくされた。

それでもいまだにその症状が止まってくれてはいない。


そんな彼女と知り合ったのは、人づてに彼女を紹介されたときからになる。

何とか彼女を助けられないかと、相談を受けたのだ。

それで直接彼女と会うことになり、彼女自身の口から詳しいことを聞いたのだった。

幼い頃に海で溺れ、それを助けるために年長の従姉妹が犠牲になったこと。

それから水には触れられなくなったこと。

実際、彼女は結婚して子供ができるまで風呂にも入れず、シャワーを浴びることも怖くてできなかったそうだ。

バケツに水道水を汲み、髪も体もその水に浸したタオルで拭くことしかできなかったそうだ。

しかし、子供ができ、子育てに没頭しているうちに水への恐怖は薄れていき、やがて子供と一緒にお風呂にも入れるようになった。

体に異変が起きだしたのは、ちょうどその頃だという。


彼女は、自分の身に起きている症状を「従姉妹の呪いではないか」と話した。

自分のせいで死んだ従姉妹が、今でも自分を恨んでいるに違いない。

でもそれは仕方のないことだから、誰も恨むことはできないのだ、と。

そもそも従姉妹が助けてくれなかったら自分は既に死んでいる身なのだからと、力なく彼女は目を伏せた。

残念ながら、俺には真実を見通せる霊力などない。

だから、いつものように霊能者のAさんに彼女の霊視を依頼した。

Aさんは面倒くさそうに俺の話を聞いていたが、まぁいいですよ、と引き受けてくれた。

何だかんだで、困っている人を放っておける人ではないのだ。

翌週、相変わらず愛想のない顔で彼女の家を訪れたAさんだったが、車椅子に座る彼女を見るなり、驚いたような顔になった。

変な先入観はないほうがいいかもしれないと、彼女のことはうっすらとしか説明していなかったのだが、Aさんは彼女に近づくなりこう話しだした。

あなたはまだ海の中にいるみたいですね……。

ずっと海水に浸かった状態なんです。

だから、きっと皮膚がブヨブヨになって腐り落ちるんです。

ただ、これは従姉妹の呪いではありません。その真逆。

従姉妹の彼女はあなたを護ろうと必死になっています。

症状の進行が遅いのはそのお陰です。

海にはね、本当に恐ろしいものが多いんですよ。

呪いを掛けているのは、あなたの従姉妹を引きずり込んで殺した海の霊達です。

彼女は……いまだにその霊達によって蹂躙《じゅうりん》されています。

だから、私にできるのはあなたと従姉妹さんの縁を完全に切ってしまうこと、それだけです。

そうすれば、あなたの症状がこれ以上進行することはありません。

その代わりあなたの従姉妹さんは永遠に成仏できず、その海にいる霊達に蹂躙され続けるでしょう。

「どうしますか?」

静かな顔で最後にそう問うたAさんに、俺は言葉を失うばかりだった。

だって……そんなこと、そんな酷いことってあるだろうか。

そして、車椅子の彼女が出した答えにさらに俺は震えた。

「なら……このまま縁を切らずに」

彼女もまた静かな顔でそう答えたのだ。

Aさんは、「分かりました」と言うと、そのまま振り返りもせず彼女の家を出て行ってしまった。

「ちょっとAさん！」

俺は慌ててその後を追いかけた。

「いやでもあの……このままじゃマズイでしょ？」

そう説得しようとした。

すると、Aさんは少し寂しそうな顔をして横を向くと、ぽつりと呟いた。

「ええ、分かってますよ……。縁を断ち切って彼女を助けてほしい、それが従姉妹の彼女の願いでしたから。勿論、そちらを優先しますね……」

その選択の意味するところを思うと、息ができないほどに胸が苦しくなった。

Aさんもそうだったろうと思う。

悲しい結末になってしまったが、その日以来、彼女の症状はピタッと止まったという。
勿論、失った彼女の両足が元に戻ることはないが、それでも彼女には未来がある。
亡くなった従姉妹さんの分まで生き抜いてほしいと思わずにはいられなかった。

四十九院トンネル

全国には曰くつきのトンネルというものが無数に存在している。

建設中に人死にが出たトンネル。

かつて、残虐な事件が起きてしまったトンネル。

悲惨な交通事故が起きたトンネル。

或いは元々、忌まわしい土地に造ってしまったトンネル……等々。

曰くつきになった理由は様々なのだろうが、俺の持論として一つだけ確信を持って言えることがある。

それは――そのトンネルの側に新しいトンネルが造られ、そのトンネルが通行できなくなったり、めっきり通行量が減ったりしてしまうと、怪異はさらに増殖してしまう――という法則である。

今回書くのは、そんなトンネルで俺自身が体験した話になる。

石川県の加賀市に〈四十九院トンネル〉という曰く付きのトンネルが存在する。

石川県の心霊スポットを十か所挙げろと言われれば、誰でも頭に浮かぶのがこのトンネルで、それぐらい地元では有名な場所だ。

現在ではすぐ隣に新しくて道幅も広い〈新・四十九院トンネル〉が造られており、山中町への近道としてそれなりに交通量も多い。

それに対し、以前から存在していた古い四十九院トンネルは入り口が封鎖され、通行止めになっていると聞いていた。

そしてこのトンネルも、俺の持論の通り、新・四十九院トンネルができてしまってから、より一層怪異の噂が多くなっている。

新・四十九院トンネルのほうにも怪異の噂があるにはあるのだが、それはあくまで車でそれなりの速度で走行中に体験した出来事であり、俺からすれば見間違えという結論で片付けられるものばかりであった。

それならば、やはり古いほうの四十九院トンネルにもう一度行ってみるしかない。

そんな風に思ったのである。

その日は朝から雨が降り続いていた。

一人で行くのは怖いので、友人と待ち合わせ、車二台で旧・四十九院トンネルへと向かった。

待ち合わせの時刻は午前零時。

そこからトンネルまでは一時間ほど掛かる。

となると、トンネルに到着するのは午前一時を回るだろう。

雨も降っているし、その時間帯ならば心霊スポット探索には——怪異との遭遇を期待するならば——最適な条件だと思われた。

俺の目的はトンネルの中に入り、その空気感を感じ取ること。

そして同行した友人の目的は、霊の姿をビデオカメラに収め、それを動画投稿サイトにアップすることであった。

新・四十九院トンネルの入り口から左に逸れるようにして細い道を走っていく。

そのトンネルに行くのは俺自身二度目だったが、その夜は以前にもまして辺り一面が暗く感じられた。

細く曲がりくねった道を緩やかに登り続けると、やがて目の前の暗闇にトンネルの姿が浮かび上がってくる。

それを見た瞬間、我知らず身震いをしていた。

入り口は塞がれているので、ぽっかりと夜に口を開けていた……という訳でもないのだが、何やら吸い込まれるような恐ろしさがあった。

（こんなに怖そうなトンネルだったか……？）

それが今回の最初の印象だった。

確か、以前このトンネルに来たときもしとしとと雨が降っていた。

そのときは人数が六人と多かったせいもあるかもしれないが、今感じているような緊張感は微塵もなかった。

やはり、あのときとは別物になってしまった……そんな風に感じていた。

コンコンッ。

先に車から降りていた友人に窓を叩かれ、はっとして俺も車外に出る。

外は秋だというのに、頬に触れる空気が妙に生温かく感じられた。

俺は車のトランクから大型のＬＥＤランプを取り出すと、早速前方を照らしてみた。

車のエンジンは掛けたままにしておく。

それは俺が幾多の心霊スポットを探索してきた中で学んだ知恵であり、自らを守るための防護策だった。

前回やってきたときとは違い、トンネルの入り口にはしっかりとした鉄製の塀ができていた。が、右側の隙間から入ることはできそうだった。

鉄製の格子の間に身を滑らせ、潜るようにしてトンネルの中へと入る。

ランプで照らしながら数歩進んだとき、明らかにトンネル内の空気が冷たくなった。

まるで真冬のような寒さだ。

トンネルの中を探索したことは何度もあったが、数歩進んだだけでこれほど体感温度が下がるのは初めての体験だった。

「さっさと済ませよう、寒すぎる……」

思わずそんな言葉が口を衝いた。

同行した友人は既にビデオカメラを回していた。

だから、あまり自分の声が入らないようにと気を付けていたのだが、そのときの俺は早くも「この場所から離れたい」という気持ちでいっぱいになっており、つい声に出してしまっていた。

ライトで前方を照らしながら、俺は友人の撮影の邪魔にならないよう、できるだけ並んで歩くように心掛けた。

このトンネルは入り口から出口が見通せる、まっすぐで比較的距離の短いトンネルだった。

ゆえに、ライトで照らした先、トンネルの出口までの間に誰もいないことはあらかじめ確認できていた。だからこそ俺達は恐怖心を抑え、先に進むことができたのだろう。

手に持ったライトは強力で、かつ光の拡散具合も調節できる優れものであったから、視界の確保に困ることはなかった。

俺達は何とかトンネルの出口まで辿り着き、ようやくそこで一息吐いた。

早く戻ろう。

いや、戻りたい。

互いにそう思っていたと思う。

だが、それを阻む恐怖も同時に立ちはだかっていた。

出口まで歩いてきて俺達に分かったことがある。

それはトンネルの中を歩いているのが自分達だけではないということだ。

トンネルの中というのは歩く靴音がはっきりと聞こえる。

しかし、靴を履いていない裸足のような足音がピタピタと背後をついてきているのがしっかりと聞こえていた。

やっぱり、このトンネルには何かがいる……。

それは確信だった。

恐る恐る振り返り、今度は入り口のほうを見る。

目には何も見えない。誰もいない。

目に、映るものは……。

意を決し、ゆっくりと歩き始めた俺達の耳に、今度はペタペタという足音に混じって、人の声が聞こえ始めた。


〈まってぇ……まってぇ……〉

くぐもった声は確かにそう言った。

無論、待ってと言われて待つ馬鹿はいない。

そして、こんなときに振り返ってもろくなことがないのは経験上、嫌というほど分かっていた。

俺達は目だけで会話し、できるだけ平静を保ちながら、何も気付かないふりでトンネルの入り口を目指す。

それでも次第に歩く速度は速くなり、明らかに早歩きの状態になっていた。

だが次の瞬間、必死で保ってきた俺達の理性は塵《ちり》のごとく吹き飛んでしまった。


ドスン！

何かがトンネルの中へ落下した音。
その衝撃音を聞いた途端、俺達は一気に走りだしていた。
ライトを持ったまましゃにむに腕を振っているので、視界がぐらぐらと光と闇を行ったり来たりする
それでも一心不乱に走ってトンネルの入り口まで辿り着くと、鉄製の格子に強引に体を

ねじ込み、外へ出た。

そして、停めておいたそれぞれの車に乗り込もうとしたとき、信じられないことを目の当たりにした。

車は二台ともエンジンを掛けたままにしたはずだ。

なのに、友人の乗ってきた車のエンジンだけが停止しており、何故かドアロックまで掛かっていたのだ。

しかし、今ドアをこじ開けている余裕はなかった。

迷うことなく俺の車に二人して乗り込むと、逃げるようにその場を後にした。

そのまま一番近くにあるファミレスに行き、言葉少なに朝になるのを待った。

ようやく朝七時頃に雨も上がり、辺りが明るくなってきた、
俺達は夜の気配が完全に遠ざかったのを確認してから、もう一度そのトンネルへと向かった。

気は進まないが、友人の車を回収しなければならなかったからである。

トンネルに着くと、友人の車のエンジンはしっかりと掛かったままになっていた。

しかし、車内に入った友人は大声を上げて車外へと飛び出してきた。

「おいK、誰かが俺の車に乗ったみたいだ！」

青くなって、そう叫んでいる。

確認すると、確かに彼の車のシートは大きく前方へとスライドされ、またルームミラーの角度も異様に低い位置を映していた。

しかし、俺達は一刻も早くそのトンネルから離れたかったから、友人も我慢して自分の車に乗り込むと、家路を急いだ。


この話には後日談がある。

友人がビデオカメラで映した映像には、あの日俺達の目には視えていなかったモノがはっきりと4K画質で保存されていた。

それは俺達の背後からずっとついてきている老婆の姿だった。

この件に関してはある事情があり、今はこれ以上詳しく語ることはできない。

四十九院トンネルは今でも加賀市に存在している。

あのトンネルの中はもしかしたらあの世に通じているのかもしれない。件のビデオ映像を観てしまった今、俺にはそう思えて仕方がないのだ。

野田山怪異

金沢市南部に広がる野田山という場所は、以前から心霊スポットとして認知されてきた。綺麗な公園ができたり、またすぐ近くに大きな環状道路が整備されたりした今でもそれは変わっていない。

野田山という場所は、山全体が墓地として形成されている場所だ。

前田利家の墓所があったりペットの墓地があったりと、野田山全体にはそれこそ数えきれないほどの墓地が広がっている。

そんな土地ゆえか、昔から怪異が絶えないのも仕方のないことなのかもしれない。

実際、俺自身も過去に野田山に於いて幾つかの怪異に遭遇しているのも事実である。

決して悪い意味ではないが、やはり野田山という場所は生者と死者の距離が近くなってしまう場所なのだと俺自身は理解している。

そして、これから書くのは仕事関係の知人から聞いた話になる。

それは今からかなり前のこと。

ある日曜日の昼間、彼は友人達と連れ立って野田山に遊びに行った。

晴れた夏の日で、カブトムシやクワガタを採りに行ったのだそうだ。

セミがやたらと煩《うるさ》くて、かなり暑い日だった。

山の中を歩き回り、それなりにお目当ての昆虫を採集できた彼らは暑さでへとへとになりながら森の中から駐車場へと出てきた。

そこで彼らはとんでもない光景を見てしまう。

地面に、女の人が仰向けで横たわっていたのだ。

年の頃は二十代くらいか。水色のワンピースを着た、髪の長い女性が、ピクリとも動かないまま横たわっていた。

しかし、真夏の日差しに照らされたアスファルトは立っているだけでも息苦しくなってしまうほどの熱気だった。

そんなアスファルトの上に、果たして人が直に寝ていられるものなのだろうか——。

そのとき、彼らの頭の中には同じ考えが浮かんだという。

もしかして、この女の人は既に死んでるんではないのか、と。

しかし、誰もその女性に近づいて生死を確認する勇気は持てなかった。

もしかしたらここに横たわっているのは死体なのかもしれないという疑念が、これほどまでに恐怖を抱かせるものだとは思っていなかった。

しかし、もし生きているのならば助けなければいけない。

そのためには生死の確認が必須事項だった。

戸惑っているうちに、彼らのうちの一人が森の中から長い木の棒を見つけてきた。

その棒で何をするのかはすぐに分かったという。

その友達は、できるだけ離れた場所から器用に棒を伸ばして横たわる女性の体を押してみた。

何度も、何度も。

しかし、アスファルトに寝そべる女性が反応することはなかった。

それを確認した途端、彼らは一斉にその場から走りだした。

止めておいた自転車に飛び乗ると、一目散に急な坂道を下っていく。

あの女性が生きていないことはほぼ確定だ。

だとしたら、一刻も早く大人にそれを伝えなければ……。

全員がそんな思いだった。

そして、坂道を下りきった彼らは、すぐ側にある石材屋に飛び込んで、今自分達が見た一部始終を話した。

石材屋の大人達は彼らの話を聞くと、慌てて数台の車に乗り込み、彼らと一緒に先ほどの駐車場へと向かった。

だが駐車場に着いたとき、そこにはもう先ほどの女性の姿はどこにも見えなくなっていた。正に忽然と、消えてしまっていたのである。

彼らは急に大人達に怒られるのが怖くなり、何度も嘘じゃないという言葉を半泣きで繰り返した。

しかし、大人達の反応は意外なものだった。

「あー、またか。よくあることだから。気にすんな！」

確かにそう言ってくれた。

大人達に怒られることはなかったが、それでもつい先ほどピクリとも動かなかった女性が、ほんの一、二分の間に忽然と姿を消してしまった怪事には変わりなかった。

何より大人達の「よくあることだから」という言葉がとても気になったという。

まるで狐につままれたような気分だった。


この話を聞いて、実は思い出したことがある。

こちらは紛れもなく俺自身が体験した記憶だ。


俺が二十代の頃、野田山の麓にある小学校の裏の小道で、女の幽霊の目撃談が多発したことがあった。

その小道を歩いていると女の人とすれ違うのだが、振り返ると誰もいなかったという、まあ、どこにでもありそうな噂だった。

普段ならその程度の噂でわざわざその場所に出向くことはない。

だが、その小道の先にはお寺があり、その寺の井戸から女性の白骨死体が見つかったという記事が新聞に載っていたのを思い出したのだ。

その事実が俺を動かした。

同じく心霊スポットマニアの友人と二人で、夕刻にその小道へと向かった。

まだ夕方ということもあり、近くの小学校のグラウンドからは子供達の遊ぶ声が聞こえており、怖いという雰囲気は全く感じなかった。

俺達は噂の女幽霊との遭遇を期待して、繰り返しその小道を往復した。

そうして少しずつ時間が過ぎていき、いつしか子供らの声も聞こえなくなり、辺りはかなり暗くなってきた。

いったいそのときは何往復目だったか、惰性に飲まれかけていた俺達の前方から、散歩中らしき高齢の女性が二人やってきた。

勿論、俺達は怪しまれることのないように自然にその二人とすれ違った。

そして、すれ違う瞬間、その二人連れの背後にもう一人誰かがいることに気付いた。

それは間違いなく三人目の女性だった。

俺達ははっとして振り返り、すぐにその姿を確認した。

だが、振り返った俺達の視界に映るのは二人だけ。

先ほどすれ違った、二人連れの高齢女性の背中しか見えなかった。

三人じゃない、二人――。

その事実を脳が把握した瞬間、俺は走りだした。

一緒にいた友人も弾かれたようにそれに続いた。

もしかしたら、あの井戸と関係があるのかもしれない……。

そう思った俺は、急いでお寺の山門を潜り、前方の井戸を見た。と、その瞬間、何か水色っぽいものが吸い込まれるように井戸の中へと消えていくのを見た。

暗くて細かい部分は分からなかったが、それは確かに女性で、頭から井戸の中へと沈んでいくように見えた。

しかし、それまでであった。

俺も友人もそこから井戸に近づいていって、中を覗き込むまでの勇気が持てなかった。

その日はそのまま家に帰ったのだが、やはりどうしても気になってしまい、後日もう一度あの井戸を確認しようと一人で寺に行ってみた。

今日こそは思い切って中を……。そう意気込んでいたのだが、井戸にはしっかりとした封印がされており、中を確認することはついぞかなわなかった。

もしかしたら、俺が見た井戸の女性と、彼らが見たアスファルトの女性は同一人物なのではないか？

そんな気がしてならないのである。

真夏の夜の火事

これはまだ俺が結婚して間もない頃の話になる。

夏の夜、俺達夫婦は一階の居間で寝ていた。

確か結婚して数年経った頃で、俺達夫婦は実家の近くにある中古住宅を借りて生活していた。

ただ、その家は夫婦二人で住むには少々広すぎたこともあり、二階の部屋は殆ど使うこともなく、一部屋だけを寝室として利用していた。

元々、誰もいないはずの二階から階段を下りてくる足音が聞こえてくるなど、退屈しない家ではあったのだが、強烈な出来事の思い出といえば今から書く話になる。

その家にはエアコンが点いている部屋が一つきりしかなかった。一階の居間である。

だから夏になると、二階の寝室から一階の居間に布団を持ち込んで寝るのが毎年の常だった。

もっとも我が家は共働きであり、二人とも慣れない家事と仕事の両立でいつもクタクタ。暑かろうと寒かろうと布団に入ればすぐに眠りに落ち、朝まで一度も目を覚まさないという感じではあったのだが……。

ある日の夜。
俺は恐怖と苦痛に苛まれる夢を見ていた。
夢の中の俺は、現実世界と同じく、居間に敷いた布団の中にいた。
しかし、耐え難い息苦しさと熱さで目覚めたところだった。
視界に映るのは見慣れた居間の天井。
だが、次第に目の前が赤く揺らぎ、周囲に煙が充満してくる。

(これは……火事なのか……？　ならば急いで逃げなければ……)

横を見ると、妻の姿はそこになかった。
夢と現実の境界線が分からなくなる。

ただ苦しさから必死で玄関のほうへと逃げる。

すると少し前方に、同じく玄関のほうへ逃げようとする妻の姿が見えた。

しかし、俺と同様に立ち上がることはできず、必死で這いずりながら玄関のほうへと向かっている。

俺は必死にその姿を追いかけ、隣に並んで声を掛ける。

「暑いね……暑すぎる……」

泣きそうな顔で妻が言う。

声を聞いた訳ではない。目でそう言っているのを感じただけだ。

妻も気力を振り絞り、必死に這いずりながら玄関を目指している様子だった。

俺は妻も一緒に逃げていることが分かり、少しホッとした気持ちになった。

諦めちゃ駄目だ。一緒に逃げるんだ。そう必死に自分を奮い立たせる。

そのときだった。

言葉では言い表せないような違和感が悪寒とともに全身を包み込んだ。

（誰か……いる……）

妻と俺の他にもう一人、この廊下に誰かがいる気配を感じた。

妻と俺のすぐ後ろ。

二人の足元に纏わり付くようにして誰かが這いずって、近づいてきているのが分かる。

そいつが何モノなのか……やはり火事から逃げようとしているのか……俺には全く以て知る由もない。

ただ、ソレが俺の足にしがみつこうとしていることだけは間違いなかった。

それは妻も同じだったらしい。

彼女が必死に身をよじり、何かを振りほどこうと床を蹴っているのがはっきりと分かった。

刹那、右足に鋭い痛みが走った。

思わず叫び声を上げるが、そんなことを気にして蹲《うずくま》っている余裕はなかった。

俺も妻も必死で腕を漕ぎ、にじるように玄関へと這っていく。

十メートルも離れていないはずの玄関が異様に遠い。

自分では進んでいる感覚があるのだが、一向に玄関は近づいてこない。

妻の顔を見ると、きつく眉根を寄せ、汗だくになって匍匐《ほふく》前進を続けている。

俺も全く同じ状態であったが、妻が隣で頑張っていて、一緒に玄関を目指しているという状況が俺に力を与えてくれていた。

と、次の瞬間。

今度は何かが覆いかぶさるように俺と妻の間に割り込んできた。

そのとき俺は、雷に打たれたように「ああ、これは見てはいけないモノだ」と直感した。


「横を見ちゃダメだ！　絶対に前だけ見て進め！」


熱に焼かれた喉を振り絞り、妻に向かってそう叫ぶ。

すると、背中が焼けるように熱くなった。

どうやらそれは妻も同じようだった。

身をよじりながら獣のような苦悶の呻き声を漏らす妻の手を握りながら、そのとき初めて俺は死というものを覚悟した。

二人一緒ならそれもいいか……霞む意識でそんな風に思う。

そのまま意識が遠くなっていき、俺の視界は完全な真っ暗闇に落ちた。

どのくらいの時間が経ったのだろうか。

俺は体を揺すられるようにして覚醒した。

目の前には心配そうに俺を見つめる妻の顔があった。

先に意識を取り戻した妻は、横で俺が倒れていることに気付いて、慌てて揺り起こしたのだそうだ。妻自身も気が付いたときには廊下で、俺の横にうつ伏せになって倒れていたという。

互いの話をすり合わせると、どうやら俺と妻は全く同じ夢を見ていたらしい。

さらに、俺の右足と妻の左足のふくらはぎには何か鋭い爪で抉《えぐ》られたかのような深い傷が残っていた。

結局、火事など起きていなかった。

家の中の様子は何一つ変わっていなかったし、朝まで点けっぱなしのクーラーがいっそ寒いくらいだった。

しかし、俺と妻が同じ夢を見て、夢の中と同じように深い傷を負ったという事例を、果たして夢と呼んでよいものか……。

たまに二階から聞こえていた足音の主が、あの夜、俺達を追ってきたモノの正体だったのか、或いは全く別の何かだったのか……。

やはり、あの家自体に何らかの曰くがあったのかもしれない。

既に家ごと取り壊された今となっては確かめようもないのだが。

四年に一度

かつて俺にはMという友人がいた。

高校で同じクラスになったことで仲良くなり、高校を卒業して進路が分かれてからも友達付き合いが続いた。

とはいえ、関西の大学に進学した俺と、地元の食品会社に就職したMとではなかなか予定が合わない。実際に会えるのは、俺が大学の夏休みや春休みで帰省したときくらいのものだった。

そう考えると、友人関係が継続できたのはそれなりに俺とMの相性が悪くなかったからなのかもしれないと思う。

大学を卒業後、俺が金沢に戻ってきて就職すると、Mと会う時間は以前より格段に多くなった。

一人っ子で、二月二十九日の閏年《うるうどし》生まれだったMは、よく自分のことを「僕はまだ誕生日を五回しか迎えてないから五歳なんだぜ」と自慢げに言うことがあったが、ある意味、その言葉は的を射ていたと思う。

両親から甘やかされて育ったMは、年の割に妙に子供じみた部分があった。

例えば、およそ大人であれば興味を抱かない、子供だけが夢中になるようなくだらない物をコレクションしてみたり、常に年若いアイドルに夢中になっていたり、といったところである。

それでも、Mが持ち合わせていたたんぽぽのような性格を俺は好ましく思っていた。

他の友人達からどれだけ馬鹿にされても落ち込まない強さ。

誰かが苦しんでいるのを見過ごせない心優しさ。

それらが共存する性格は素朴で温かく、本当に打たれ強いものだと思っていた。

恋愛体質で、誰かを好きになり、告白してはすぐフラれる。

そんなことを繰り返していたMは、俺が知る限り、生涯誰とも交際したことはなかったと思う。

ただ一回だけ、付き合える寸前まで行けたことがあり、そのときには俺も他の友人達もMの恋が成就するようにと懸命に協力した。

結果として、やはりMの恋は成就することはなかったが、そのとき、初めてMが失恋でかなり落ち込んでいることに驚き、そして心配もした。

これまでになく深手を負ったMの姿を見て、俺も周りの友人達も、何とかしてMに彼女ができるようにと知り合いに声を掛けまくったのを覚えている。


しかし、そんなMともそれからしばらくしてかなりの疎遠状態に陥った。

それはMがパチンコというギャンブルに嵌《は》まってしまったからだ。

勿論、余暇の楽しみ方としてのパチンコであれば全く問題はなかった。

その頃は俺も暇つぶしにパチンコ屋に行くこともあったし、その楽しさを知らない訳ではない。ただ、慎重すぎる性格ゆえか、俺は三千円つぎ込んでも出ない場合にはすぐにその店を出ることに決めていた。

しかし、Mのパチンコへの執着は、それとは程遠いものだった。

とにかく有り金全てをパチンコにつぎ込んでしまうのだ。

元来の子供っぽい性格が裏目に出てしまったとも言える。

給料日前でも後先考えずに金を使い、とうとう給料を前借りして、その金も全てパチンコにつぎ込むようになった。

挙げ句の果てに、昼間働いている時間が勿体ないからと仕事も辞め、パチンコ屋に一日中入り浸るようになってしまった。

当然、Mの貯金は底を突いており、同居している両親の金を使って打つ。

しかし、幾ら息子に甘い両親も、このままではいけないと覚悟したのだろう。

Mは実家から叩き出される形で、アパートで独り暮らしを始めることになった。

その頃、一度だけMのアパートに行ったことがあるのだが、それまでの実家暮らしからは想像もできないほど、部屋の中には何もなかった。

家具も電化製品も本当に何もなく、これでどうやって生活しているのだろうと驚いた記憶がある。

当時、俺を含めた友人達はMにお金を貸していた者が多かったと思う。

そして、俺に関して言えば、Mに貸したお金が戻ってくることは一度もなかった。

次第にMの周りから友人が消えていったことを考えると、きっと他の友人達もMに貸した金を返してもらえていなかったのだろう。

Mは完全に孤独になった。

それでも一番親しかった俺の所には年に数回、ふらりとやってくることがあった。

やはり金を返していない負い目はあったのだろう。

Mは俺の家に来ると、必ず家の壁をコンコンコンと手の甲で何度も叩いた。

その音に気付いて二階の窓から顔を出す俺に、Mはいつも下手な笑顔で手を振っていた。

部屋に上げると、最初は強気に振る舞い、威勢のいいことを言うのだが、次第に自分の貧窮具合について語りだすM。

そして、最後には必ずこう言う。

「なあ、金を貸してくれないか?」と。

俺が、「その金は何に使うんだ?」と聞くと、今度は馬鹿正直にこう答える。

「駅前のパチンコ屋に出そうな台があってさ……今までの分も全部返すから! な、頼むよ、K」

俺は失望し、そのまま手ぶらでMを家から追い出した。

ああいうとき、「生活費に使うのだ」と言えば俺だって、他の友人達だって貸してくれるやつはいただろう。だが、そう言わないのがMであり、その不器用さには本当にほとほと呆れてしまった。

そんなことが何度か続いたある年のこと。

その頃の俺は既に結婚しており、小遣いも妻に管理されている身となっていた。

そこに性懲りもなく金を無心に来るものだから、Mに対してかなり厳しいことを言ってしまった記憶がある。

「いい加減に目を覚ませ！　手遅れになるぞ！」

そう本気で怒鳴りつけたのだ。

その日以来、Mが俺を訪ねてくることはなくなった。

俺のほうはと言えば、たまにMを思い出しては「今頃、生活を立て直してくれてるといいんだけどな……」とぼんやり考えていた。

しかし、最後にMに会ってから二年ほど経った頃、何の気なしに新聞の記事を読んでいた俺は愕然とした。

それは、Mの死を報じる記事だった。

独り暮らしの男性がアパートの部屋で孤独死したと報じるもので、発見時にはかなりミイラ化が進んでいたらしいとある。年齢が三十二歳ということもあり、それなりに不審死として大きめの記事になっていた。

奇しくも、Mの遺体が発見されたのは閏年の二月二十九日。

彼の本当の誕生日だった。

俺としてもかなりショックを受けたMの孤独死だったが、それ以上に彼の生まれた日にその遺体が発見されたことに不思議な心持ちになった。

勿論、Mの葬儀には参列したし、お墓参りにも行った。

しかし、もしかしたらMは俺を恨んだまま死んでいったのかもしれない。

Mが死んでからというもの、閏年の二月二十九日には、何故か自宅の壁がコツコツと鳴らされるのだ。

その音は、明らかにMが俺の家に来たときに鳴らした音と同じものだった。

コンコンコンと叩いてから反応がないと、また少し間を開けてコンコンコンと鳴らす間隔もあの頃とまるで同じ……。

ただ一つ違うのは、その音が昼間ではなく真夜中に鳴らされるということだ。

そして、俺以外の家族には誰一人聞こえていないという奇妙な事実……。

唯一の救いは、その音が四年に一度しか聞こえないということだ。

去年はその音がはっきりと聞こえたが、窓から顔は出すことはしなかった。

次にその音が聞こえるのは、恐らく二〇二四年。

そのときには、ふと窓を開けて下を見てしまいそうな俺がいる。

そのとき、もしもMが部屋で見つかったミイラのような状態でその場にいたとしたら……。

そう考えると恐ろしくて仕方がないのだ。

四日目の祭り

これはとある友人から聞いた話になる。

能登地方の夏の風物として『キリコ祭り』というものがある。

巨大な灯篭《とうろう》が古い町並みを練り歩く幻想的な祭りで、その景色は観る者を圧倒する。

そんな昔から行われてきた『キリコ祭り』も、近年は観光客を引き寄せる観光行事になりつつあるが、それでも昔ながらの『キリコ祭り』をそのまま伝え、ひっそりと独自の祭りを行っている町や村もまだまだ存在する。

かくいう俺の母親の生まれ故郷でも、毎年盛大に『キリコ祭り』が催され、そのときばかりは母親も泊まりがけで祭りに参加しに帰るのだから、きっと純粋に楽しい祭りには違いないのだろう。

——約束事を守ってさえいれば。

俺の友人がかつて住んでいた能登の田舎町も、そんなキリコ祭りで盛り上がっている地域の一つらしい。

しかし、彼の話の中で少しだけ俺の興味を引く内容があった。

その祭りは前夜祭を含めると三日間掛けて行われるそうなのだが、参加するのは地元民だけであり、観光客の類は暗黙の了解でシャットアウトされる。

それは勿論、昔ながらの『キリコ祭り』を守りたいという趣旨もあるそうなのだが、実はその祭りには守らねばならぬ一つの約束事が存在するらしい。

それは祭りが終わった次の日。

地元民の間では、「四日目の祭り」と呼ばれているそうなのだが、その夜には誰も外に出てはならないし、外に出ることはおろか、窓からその祭りを眺めることさえも禁止されているのだという。

「祭りは三日間で行われるのに、どうして四日目の祭りが出てくるのか?」

当たり前のように浮かぶ疑問をぶつけてみると、意外な答えが返ってきた。

どうやらその四日目の祭りというものは、生きている者が行う祭りではないらしい。

つまり、その村で亡くなった者達が催す、死者の祭りということになる。

生者のための祭りは三日間で終わり、その次に行われるのが死者の祭り。

だから、三日間の祭りが終わると、その村はまるで誰も住んでいないかのように静まり返ってしまう。

村人全てが仕事を休み、学校も休み、一切外出をせずに家の中だけで過ごす。

それだけでも大変なことだが、夜になればその禁止事項はさらに増やされる。

まず、基本的に音を出すことはしてはならない。

テレビを観ることは当然のこと、大きな声で喋ることも禁止である。

全ての窓の鍵をしっかりと掛け、カーテンをぴっちりと閉める。後はろうそくの明かりだけで朝までやり過ごす。

そしてもう一つ。外からどんな声や物音が聞こえてきても、決してカーテンを開けて外を見てはならない。

もしも外を見て死者と目が合ってしまったら、その者はそのままあちらの祭りに加わることになり、二度とこちら側には戻ってこられない……。

そう固く信じられていた。

だから、祭りが終わった翌日の夜は、どこの家でも早過ぎる時刻に消灯し、寝てしまうことにしていた。

子供達の中にはそんな話は迷信だと言い張って寝ようとしない者もいたようだが、そんなときには朝まで暗い押し入れの中に閉じ込められて過ごすはめになる。この約束事に関しては、どこの親も子供に容赦しない。

彼もそんな若者らしい反抗心に燃える一人だった。

幼い頃からそれがルールだと問答無用で守らされてきたが、さすがに高校生になった頃にはそんな約束事など信じられなくなっていた。

これだけ科学が発達した時代に何を言っているんだよと内心、鼻で笑っている。

確かに、四日目の夜に外から人の掛け声や太鼓の音などが聞こえてくるのは彼自身、何度も体験していた。

しかし、その声や音は、いつも自分達が参加している祭りと少しも変わらず賑やかなものだった。とても死人の祭りという感覚ではない。

だから彼は、高校三年生のとき、ついに禁忌を破る決心をした。

四日目の祭りの日、しきたり通りに高校を休んだ彼は、夜に備えて昼間はずっと自室で寝て過ごした。

そして例年通り、夕方前には風呂に入り、全員無言で早めの夕飯を取った彼は、そのまま家族におやすみと手を挙げると、二階にある自分の部屋へと引き上げた。

そうしてしばらくはそのまま布団の中に入って時間を潰す。

その後、父親が戸締まりと明かりが消えていることを確認しに来たが、そのまま寝たふりをしてやり過ごした。

それからは部屋の明かりは消したまま、イヤホンでラジオを聴きながら時を待つ。

睡魔に負けそうになっていた彼の耳に、例年のように祭り囃子《ばやし》と賑やかな人の声が聞こえてきたのは、午前二時を回った頃だった。

相変わらず窓の外からは賑やかな祭りの気配が伝わってくる。

そして、人々が勇ましく掛け合う声と、太鼓や笛の音が振動を伴って部屋の中にまで伝わってくる。

（こんなに賑やかな祭りが、死人のための祭りのはずがないじゃないか……！）

彼はそう確信すると、静かに窓のほうへと近づいて、少しだけカーテンを捲って外の様子を覗き見た。

その瞬間、彼は目にした光景に思わず「え？」と声を漏らしてしまっていた。

窓の外には見たこともないほど巨大なキリコがゆっくりと動いているのが見える。

明かりが消えた村の中にぼんやりと浮かび上がったキリコの姿は正に幽玄としか表現できないものだった。


（こんなでかいキリコ……見たこともないぞ……。やっぱり、祭りは四日目も続いてたんじゃないか！）


そう思った彼は、大きくカーテンを開け放ち、まじまじと外の様子を観察した。

そして、奇妙なことに気が付いた。

巨大なキリコはゆっくりと動いているのに、彼の視界にはそれを引っ張っている人間の姿が一人も見つけられなかった。

確かに賑やかな人々の声が聞こえ、太鼓や笛の音もしっかりと聞こえている。だが、それを奏でる人間は誰もいないのだ。

(どうなってるんだ……これは?)

彼がそう思った途端、突然、彼の目の前でキリコが静かに停止した。

それと同時にそれまでは賑やかに聞こえていた声や音がピタッと止み、痛いほどの静寂が訪れた。

(え? ヤバいのか?)

そう思った彼は急いでカーテンを閉めた。

すると、ほぼ同時に彼の耳に聞こえてきたのは、指の爪で窓を叩くようなコツコツという音だった。

彼は慌てて布団の中へ逃げ込み、息を殺して全神経を耳に集中させた。

そうしていると、窓を叩くコツコツという音はどんどんと数を増やしていき、部屋の中がコツコツという音の重奏で満たされていく。

そして、その音に混じって、

〈ここを開けろぉ……〉

という声も聞こえてきた。

彼は窓の外に沢山の死者が張り付いて窓を叩いているところを想像してしまい、恐怖で固まってしまった。

あまりの恐ろしさに涙が流れ、彼は懸命に亡くなった祖父母に
（じいちゃん、ばあちゃん、助けて！　お願いだから……助けて！）

とひたすら胸の中で繰り返し、手を合わせたという。

すると、何か体中が暖かいものに包まれていき、それと同時に強い睡魔に襲われた彼はそのままするとんと眠りに落ちてしまった。


朝になり目が覚めた彼は、急いで両親の所へ行こうと部屋を出た。

すると、部屋の外では心配そうな顔の両親が待ち構えており、彼の無事を確認すると、安堵に泣き崩れながらも厳しく叱ってきたという。

どうやら、昨夜のコツコツは両親にも聞こえていたらしく、もう彼は死者のキリコに連れて行かれてしまったのではないかと心配して部屋に来たらしい。

だが何故か部屋のドアが開かず、ずっとドアの外で様子を窺《うかが》っていたということだった。

彼は両親と一緒に部屋のカーテンを開け、改めて窓の様子を確認した。

すると、窓ガラスには無数の黒い汚れが付着しており、さらには小さなヒビが幾つも残されていた。

両親は、キリコは見てしまったが、死者の姿は見なかったことが助かった要因ではないかと推察していたが、彼としては亡くなった祖父母が自分を護ってくれたような気がして、それからは毎日、仏壇に手を合わせることを忘れないようにしたということだ。

高校を卒業すると同時に能登の実家を出た彼は、もうその祭りを体験することはなくなったそうなのだが、彼が一度、四日目の祭りを見てしまった窓にはそれ以来、ずっと黒い爪痕とヒビが窓に残されるようになったという。
彼は今でも忘れられないそうだ。
あのコツコツと窓を叩く音を……。

能登島

能登地方で起きた怪異をもう一つ。

これは俺自身が十年ほど前に体験した話だ。


能登島という島がある。

和倉温泉の辺りから長く美しい橋を渡ると能登島になる。

橋の上から眺める眺望はとても美しく、どれだけ眺めていても飽きがこない。

数年前から橋の上から大型の魚やサメなどの目撃が相次ぎ、そういう意味でも話題に事欠かない島である。

温泉街にも近く、素晴らしい眺望と自然に囲まれた能登島には水族館もあり、週末や連休になると、長い橋の上が大渋滞になってしまうこともある。

俺自身、能登島という場所は大好きなのだ。

しかし、それはあくまで昼間に限定されるのだが……。

これから書くのは、俺が能登島という土地に恐怖を抱くきっかけになった忘れ難い体験談である。


今から十年以上前のこと。

その年の夏、俺は友人三人と一緒に能登島に向かっていた。

特にこれといった理由はない。

ただ、暇を持て余して何か面白いことがないかと思案していた折、友人の一人がこんなことを言いだした。


「なあ、能登島大橋の側から近くの島に泳いで渡れるんだってよ」


その言葉を聞いたとき、俺達の心には少年のような好奇心がむくむくと湧き上がり、気付けば車二台に分乗して意気揚々と能登島へと向かっていた。

水着を持っていた訳でもなかったが、どうせ男同士なのだ。パンツ一枚で泳げばいいだろう。

それくらいの軽いノリだった。

深夜の有料道路はかなり空いていて、予想よりも早く能登島大橋の料金所まで辿り着くことができた。

以前は能登島大橋を渡るには通行料が必要で、そのために料金所が設置されていたが、その後、通行料が無料化され、現在は無人のボックスだけが残されている。

俺達は大橋の入り口近くにあった駐車場へと車を停車させた。

辺りには誰もおらず、漆黒の闇の中で能登島大橋の常夜灯だけが不気味に橋を浮かび上がらせていた。

夏だったこともあり、夜風がとても心地よく感じられた。

俺達は早速道路を横切って海の中へ入れそうな場所を探した。

しばらく歩いていると段々と目が暗闇に慣れてきて、すぐに海へと入れそうな場所が見つかった。

そこから目を凝らせば、二百メートルもしないほどのところに小さな島影が見える。

「あれか……」

俺達の好奇心は最高潮に達していた。

誰もが俺と同じことを感じていたと思う。

あの島なら何とか泳いで渡れるかもしれないぞ、と。

念のため、車の中にあった浮きになりそうな木材やプラスチックを用意して、いよいよ海へと入る段取りになる。

しかし、服を脱いでいるうちに、急に得も言われぬ不安感に襲われた。

ここにきて初めて俺達は夜の海が怖く思えてきたのである。

水中に、何か得体の知れないものが潜んでいたらどうする……？

そんな恐れを抱いたのは俺だけではないはずだ。

きっと一人で来ていたのならば、絶対に海の中には入らなかったと思う。

しかし、四人で来ていたことが災いし、俺達は引っ込みが付かなくなっていた。

こんなとき、弱虫だと思われるのは癪《しゃく》だし、盛り上がっているところに水を差すのも悪いと思ってしまう。結果、やるしかないという結論に各自が各自で落ち着いてしまった。

「よっし、行くぞ～」

わざと楽しそうな声を出しながら一人が海の中へと入っていく。

続いて二人目も……。

「うわぁ～、結構冷たいぞ！　お前らも早く入ってこいよ！」

そんなことを話していたときだと思う。


「おい……あれって人じゃないか？」

え……？


「あの島って……無人島じゃねえのか？」

陸地に残っていたもう一人の友人が俺にそう言った。

思わず島のほうを凝視する俺。

すると、確かに島には人が立っており、右に左にと忙しなく動いていた。

何だ……あれ？

その島は明らかに人が住むには小さすぎた。

だとしたら、俺達と同じように、ここから泳いで渡ったもの好きだろうか？

いや、だがそれ以上に不思議なことがあった。

それはたとえ暗闇に目が慣れてきているとはいえ、どうして真っ暗な海にポツンと浮かぶ小島の様子が、これほどはっきりと見えているのか、ということだった。

そのとき、俺の目には、その小島にいるのが男性であり、こちらのほうを向きながら「うん、うん」とでも言うように大きく首を縦に振り続けている様子が、はっきりと見て取れていた。

そして、次の瞬間、その男は滑り込むようにダイブして海の中へと入っていったのだ。

嫌な予感がした。

俺は先に海に入った友人二人に向かって大声で叫んだ。

「おい！　ヤバいから……早く戻ってこい！」

しかし、二人に俺の声が届いていなかった。

陸地から二十メートルほどの場所を、木の板につかまったままゆっくりと泳いで先に行ってしまう。

なおも叫び続ける俺に、陸にいるもう一人の友人も何かを感じ取ったのかもしれない。

一緒になって声を上げ、彼らを呼び続けてくれた。

ようやく声が届いたのか、こちらを向いた二人に俺は身振り手振りを加えながら、さらに大きな声で叫んだ。

「何かがこっちに向かってきてるぞ！　早く……早く陸に上がれ！」

いつもは冗談ばかり言っている俺だが、そのときは必死の形相で訴えたから彼らも何かを悟ったのかもしれない。

慌てて体の向きを変えると、こちらへ向かって泳ぎだした。

彼らにしてみれば全く視界の利かない夜の海の上で、得体の知れない恐怖に駆られていたことだろう。

「早く、早く！」と腕を振り回して叫ぶ俺に、浮きに使っていた木の板を捨てると死に物狂いでバシャバシャと泳ぎだした。

そして、ようやく陸地から五メートルほどの距離まで近づいたときのことだった。


「うわぁ！　本当に何かいるぞ！」

「あしっ、足に何かが当たった！」


そんな声が聞こえた後、それは絶叫に変わった。

「助けてくれ！」

その声は明らかに冗談とは思えなかった。

恐怖から必死に絞り出した叫び……。

俺ともう一人の友人は必死に考えた。

何か長い物はなかったか……と。

そして、一台の車に趣味で使う釣り竿が常備されていることを思い出した俺は急いで車に戻り、釣り竿を引っ掴んで帰ってくる。

もう、海の中の彼らは泳いでいるとは言えなくなっていた。

手足をバタつかせながら、明らかに溺れている。

俺達は急いで釣り竿を伸ばすと、彼らのほうへと差し伸べた。


「掴まれ！　……早く！」


陸にいる俺達も必死だった。

とにかくこんなところで友人達を死なす訳にはいかない。

何とか二人とも釣り竿につかまったのを確認した俺達は、一気に釣り竿を引っ張った。

予想以上の重さが腕に圧し掛かる。

確かに成人男性二人を引っ張ろうとしているのだから重たいのは当たり前だ。

だがそれにしても異様だ。明らかに重すぎる。

それでも俺達は、何とか釣り竿が折れないようにと祈りながら必死で釣り竿を引っ張り、彼らを引き寄せ続けるしかなかった。

十分程の格闘の末、ようやく彼らは陸の上に上がった。

不思議だったのは、陸地のすぐ近くまで来たとき、不意に彼らがつかまっていた釣り竿が軽くなったことだった。

それでも、そんなことに構っている余裕などなかった。

俺達は急いで車へと戻り、逃げるようにその場から立ち去ろうとした。

そのとき、料金所の無人ボックスの中に誰かが立って、じっとこちらを見ているのが分かった。

時刻は既に深夜一時を優に回っている。

こんな真夜中にいったい誰が……？

それが何だったのかは今では知る由もないが、金沢に戻ってから溺れかけた二人の足を見てみると、紫色に変色した手形がくっきりと付いていた。

しかもそれは一人の手ではなく、無数の手形が至る所に痣《あざ》のごとく浮かんでいた。

結局、海に入った二人は、高熱によりそれから数日間寝込むことになった。

そして、足に付いた手形の中の一つだけは、どれだけ経っても消えることはなかったという。

実は、海の中に入った二人のうち一人は、もうこの世にいない。

若くして他界した原因があのときの手形だとは思いたくないが、それでも生き残っているもう一人は、いまだに消えぬ手形に死を恐怖する日々を送っている。

落ちていく

これは病院関係に勤務する方から聞かせて頂いた話になる。

あるとき、彼は警察からの依頼で検死の場に立ち会うことになった。

その男性は警察から事情聴取された際に逃げようとして、高いマンションのベランダから転落死してしまったのだという。

しかし、検死をしてみると、その不自然さに検死官も彼も理解に苦しんだ。

そのマンションは十階建ての建物であり、その男性が落下したのは八階のベランダからであった。

即死するには十分な高さであり、その点に於いては全く不可解な点は存在していない。

問題は、その遺体の状態だった。

普通ならばその高さから落ちてアスファルトに叩きつけられたなら、全身の骨は砕け、首や手足があらぬ方向を向いたまま流血しているのが普通だった。

しかし、その遺体はとても綺麗な状態で、どこの骨も骨折などしていなかった。

まるで寝ているように見える遺体。

死亡しているのは間違いないのだが、結局死因はというと、心不全というありがちな診断に落ち着くほかなかった。

しかし、医学に従事する者として、彼はなかなかその遺体のことを忘れることができなかった。

もしかしたら、何か別の要因があるのではないかと思い、ずっと気に懸けていたのである。

数年後、彼は偶然にもその男性の葬儀を執り行ったというお寺の住職に、話を聞く機会を得た。

住職もまたあのときのことはしっかりと記憶に刻んでいたようで、話はすぐに通じた。

「結局、あのときの男性の死因は何だったんですかね？　超自然的なことを信じている訳ではないのですが、あまりにも不自然すぎたので……」

そう尋ねる彼に対し、その住職ははっきりとこう言った。

「あの方はきっと相当酷いことをしてきたんでしょうな……。とても許されない程の……。

だから、あんな目に遭ってしまうんです」

そう言われて、彼は首を傾げてしまった。

「え、いや、でも、あの高さから落ちて体がバラバラにならなかっただなんて、幸運な人なんじゃないですか？」

すると住職は暗い顔で首を横に振り、こう答えてくれたという。

「人間というのはどれだけ悪いことをしても、ある程度は救われるものなんです。輪廻転生って言葉を御存じですか？　人間は修行のために何度も生まれ変わる。何度失敗しても生まれ変わってまた徳を積めるように……」


でも、あの男性にはそれすら許されなかったのです。

あの男性は、今もずっと落ち続けています。

奈落の底へ……。

つまり地獄の底へ落ちていってる……。

でもね、地獄に底はないんです。だからこれからも永遠に落ち続けなければいけない。

まだどこにも辿り着いていないから、あの姿だったんですよ。

永遠に落ち続けるより、地面に叩きつけられて生まれ変わるほうがどれほど幸せか。

「残念ですけど……仕方ないのかもしれませんね……」

住職はそう言って合掌した。

綺麗ならば怖くない

これは俺の趣味関係の男性に起こった話である。

彼とはバイク関係のツーリングクラブで知り合った。

俺はもうそのクラブに所属していないのだが、以前所属していたときに何となく意気投合して以来の仲である。

彼のほうは今でもそのクラブに所属しているのだが、本質的には俺と同じで「ツーリングは一人で行くのが一番！」と考えているようだった。

だからクラブ主催のツーリングには決して参加しないし、飲み会にも参加しない。

そのクラブに残り続けているのは、どうやら知り合いの手前、抜けられないだけ……というのが真相のようだ。

仕事はかなりお堅い職業で、そのせいか人より真面目な暮らしを送っており、そろそろ四十歳になろうかというのに、お洒落にはとんと興味はなく、いつも同じ服を着ている。

そんな感じだからこれまで彼女ができることもなかったのだろう。

しかし、ある日偶然、街中で彼と出くわした俺は、その変わりようにすっかり驚いてしまった。

やぼったかった髪型はすっきりと整えられ、着ている服や靴も垢抜けている。

腕にもしっかりとブランドものの腕時計を巻いているではないか。

そんな彼を見るのは初めてのことだったので、反対に俺のほうこそいつもと変わらぬジーンズ姿で恥ずかしくなってくるほどだった。

彼は急に洒落っ気付いた姿を俺に見られたのが恥ずかしかったのか、しばし余所余所しい態度を取っていたが、急に真剣な顔つきになると、

「この後、少し時間ありますか？」

と聞いてきた。

勿論、そのときの俺に大した用事などあるはずもなく、何よりも急にお洒落に目覚めた彼に興味津々だったから、即答でＯＫして近くの喫茶店へと入った。

席に腰を落ち着けると、俺は開口一番こう聞いてみた。

「彼女でもできたの？」

不意を突かれた彼は一瞬固まっていたが、思い切ったように話し始めた。

「ええと、Kさんって視える人じゃないですか。だから聞いてみたいんですけど、人間と幽霊って結婚できると思います？　できるんですかね？」

想像のはるか斜め上をいく質問に、今度は俺が固まる番だった。

しばし彼の言葉を頭の中で反芻《はんすう》していたが、気を取り直して質問に質問で返す。

「えーっと、それは何で？　彼女はできたけど、人間じゃないっていうこと？　そんなのとどうやって出会ったの？」

すると彼は少しもじもじしながら、頬を染める。

「実は先日、いつものように一人で南紀のほうへツーリングに行ったんですけどね。そのときに憑いてきてしまったみたいで……気が付いたら部屋の中にいて」

「はぁ」

「でも不思議なんですよ！　初めて視たときから全く怖くなかったし、目が合った瞬間にもう一目惚れしちゃって……。年齢も僕と同じくらいだし、何より綺麗で可愛いんですよね。それに一緒に部屋の中で生活してみて、とてもよく分かったんです。すごくいい子だって！　だから僕のほうからお願いしたんです。お付き合いしてくださいって！　まぁ、まだその返事は貰ってないんですけど……」

堰《せき》を切ったように伝えられる情報を咀嚼《そしゃく》して、再び俺は唖然としてしまった。

どこかから憑いてきてしまった女の幽霊と結婚したいだって……？

本気でそんなことを思ってるのか？

ぽかんとしてしまっている俺をよそに、彼はすっかり浮き足立っている。

「ねえ、Kさん、僕達結婚できます？　できますかね？」

再び同じことを聞いてきた彼に、俺はひとまず回答を保留することにした。

「普通はその、そういう状態を〈とり憑いてる〉っていうんだけどね……。でも話の内容は分かったよ。今度会うときまでに調べておくから、今日のところはこの辺で」

そう言って俺は一気にコーヒーを飲み干すと、そそくさとその喫茶店を出た。


向かったのはお察しの通り、Aさんの所だった。

俺の目には憑依されたり、とり憑かれていたりする感じには見えなかったが、やはり彼の身が心配だった。

こういうのは手遅れになる前に助けなければ大変なことになるのだ。

Aさんと会って早速事情を話すと、いつもと同じ面倒くさそうな調子で答えが返ってきた。

「Kさん……それが私とどういう関係があるんですか？　別にいいんじゃないですかねぇ、人間と幽霊がお付き合いしても……。Kさんって人種差別するタイプだったんですね？」

俺はすぐに否定した。

「いや、幽霊って人種とは関係ないでしょう……。でも、とにかく一度Aさんに彼と会って欲しんですよ。取り返しが付かないことになる前に……」

そう言って何度も頼み込むと、Aさんはようやく重い腰を上げて頷いてくれた。

後日、連絡を取って彼の住むマンションへと向かった。

ところが、Aさんは彼の部屋に入るなり大声で笑いだした。

「なるほど！　まあ、確かに一目惚れするのも分かる気がしますね。やっぱり男は綺麗な女性に弱いんですねー」

「ちょっと、Aさん……」

相変わらずのあけすけな物言いに頭を抱えたくなったが、次のAさんの言葉に心底俺は安堵した。

「大丈夫ですよ、Ｋさん。この女の人、全然悪霊なんかじゃないですし、とり憑いてもいませんん。これなら何も心配は要りませんね。それじゃ、末永くお幸せに！」

言いたいことだけ言って帰ろうとするＡさんを、彼がむんずと引き留めた。

「あの、本題の答えをまだ聞いていないんですけど……。その、人間と幽霊って結婚できるんでしょうか？」

すると、Ａさんはきっぱりとした声でこう答えた。

「相手の女性のを幽霊って呼んでいるうちは無理でしょうね？　あくまで一人の異性として向き合わないと！　それに法的なことだけが結婚ではないと思いますよ。要は二人の気持ちの問題でしょ？」


Ａさんの言葉に天啓を受けたように瞳を輝かせる彼を放ったままマンションを後にした俺達は、帰りの車の中でこんな会話をした。

「いや、本当に助かったよ……。やっぱり本当にとり憑かれてはいなかったんだ？　確かに法的なものだけが結婚ではないしね。後は二人が末永く幸せに暮らしてくれれば最高なんだけどな」

そう俺が話すと、Aさんは冷たい声でせせら笑った。

「もしかしてKさん、あの部屋にいた女の姿が視えなかったんですか？　本当に進歩がありませんねぇ。私はあの部屋に行ってみて、逆に懸念が増えましたよ」

「えっ、何で？」

「だって、あの部屋にいた女が気に入っているのはあくまで彼の〈部屋〉ですからね。おまけに彼女が今気になっているのは、隣の部屋に住む男性のことです。つまり彼は現在、片思い中ということですよ。あの女が無害なのは本当ですけれど、この先、彼が失恋するのも時間の問題かもしれませんね……」

私にはそちらのほうが心配になりましたけど。

Aさんは肩を竦《すく》めてそう言った。

呪いの形

それはあくまで不可抗力だったのかもしれない。

一人で心霊スポットに行くのが趣味の彼女はその日、同じ心霊スポットマニアの知人から聞いた廃墟に、単独で出かけていった。

その廃墟は市街地の中にポツンと存在していた。

道路には沢山の車が往来していたが、そこから短い石段を上るとその先は雑草が生い茂る細い坂道になっており、一気に街の喧騒も車の音も聞こえなくなった。

先ほどまでいた道路からほんの一分ほど離れただけで、まるで別世界のような静けさが広がっている。

しかも、目の前には

〈この先通り抜けできません〉

と書かれた、古い木製の看板まで立てられている。

市街地にこんな秘密めいた場所が残されているなんて興奮する。

（もしかしたらこの場所は本物かもしれない……）

そう思い、彼女は嬉々として山道を登っていった。

そこから三分程歩くと、噂の廃墟らしき建物が見えてきた。

「ここかぁー」

そう思いながら廃墟に近づいていった彼女だが、途中でその視線は別の場所に釘付けになった。

廃墟の外れに小さな竹林があり、そこに明らかに祠と思われるものが見て取れたのだ。

彼女は廃墟には目もくれずに一直線に竹林のほうへと進んでいくと、その奥にある祠まで辿り着いた。

祠には誰かが調べたり触ったりしたような痕跡は一切残されていなかった。

竹林の中にポツンと置かれている祠なのだから、この場所を探索に来た者にとっては格好の調査対象になりそうだったから、彼女としてはそれが少し不思議だった。

彼女はその場にしゃがみ込むと、まじまじと祠を観察した。

相当古いものらしく、祠の扉は古く錆びた金属製の鍵で何重にも施錠されていた。

祠の扉に両手を掛けてガチャガチャと開こうとしたが、固く施錠された扉は全く開く気配がなかった。

そのとき、新たに彼女の目に留まるものがあった。

それは祠の前にポツンと置かれていた、自然の石とは到底思えない、不可思議な模様が入った白く平たい石だった。

彼女はその石を少しだけ持ち上げてみた。

するとその瞬間、石の下に何か薄い紙きれのようなものが見え、それが一瞬で風に飛ばされたように消えてしまった。

そのとき、彼女はそれまで感じたことのないような強い悪寒を感じ、急いでその場から逃げたという。

それからだった。

彼女の周りで怪異が発生するようになったのは……。

祠から帰ってきた日の夜から、彼女は悪夢にうなされるようになった。

その夢の中でいつも恐ろしい顔をした女にじっと睨まれ続けるのだという。

彼女が逃げようとすれば、すかさずその女が追いかけてきて、彼女の服を掴む……。

いつもそこで夢から覚めるのだった。

やがて段々と食事が喉を通らなくなり、仕事にも行けなくなった彼女は痩せ細って肌もボロボロになってしまった。

そして自宅のアパートで昏倒しているところを友人に発見された彼女は、そのまま病院に搬送された。

病院ではストレスが原因ではないかと診断されたが、彼女には到底納得の行く診断結果ではなかった。

その頃には、彼女の視界にいつでも夢の女の姿が映り込むようになっていた。

そして、当然のごとく入院した彼女のすぐ側にもその女は立っている。

いつもいつも睨むような目で彼女の顔を覗き込み、何事か呪詛の念を呟いている。


このままでは廃人になってしまうと心配した心霊スポット関係の知人が俺のところに相談を持ち掛けてきた。

霊能者のAさんと一緒に彼女の病室を訪ねると、本当に彼女のすぐ横に恐ろしい顔をした女が張り付くようにして彼女に寄り添っていた。

しかし、Aさんによる一時間ほどの除霊の後、彼女は解放された。

もうあの恐ろしい女の姿は彼女の目に映らなくなっていた。

彼女は泣いて喜び、俺も心からAさんの力を讃えたかったが、どうやらこの霊障はそれほど簡単なものではなかったようだ。


帰り道でAさんが言っていた。

「こんな簡単なことでは収まりませんよ、とりあえず祓いましたけど。だって、彼女にはまだ影が見えませんでしたから……」

影がない……?

「それってつまり、「死」に近い場所にいるってことですから……」

その後、無事に退院した彼女だったが、やはりAさんの言う通り、この件はそれほど簡単なものではなかったらしい。

確かに彼女の目には通常、あの女の姿は映らなくなっていた。
その代わり、会う人全ての顔があの女の顔に視えてしまうようになってしまっていた。
今では部屋に籠もり、誰とも会わないように生活しているという彼女。
何とか助けてあげたいが、どうやらAさんにもまだその手立てはなさそうだ。

焼死体

これは仕事関係の知人が小学生の頃に体験した話になる。


その頃、彼には仲の良い友達がいた。

幼稚園から親しくなり、小学校に上がってからもクラスこそ違ったが、良好な友達関係は変わらなかったという。

そんなある日、その友達の隣家から出火があり、家が全焼する事件があった。

金沢市内でも住宅密集地で発生した火事とあってニュースで大きく取り上げられていた。

さらに、その家には出火当時誰も暮らしていなかったという証言も出て、不審火、放火の疑いなどが取り沙汰されていた。


火事が鎮火した翌日、彼はお見舞いもかねて、母親と一緒に友達の家を訪問した。

友達の家は延焼は免れたものの、内部の至るところが水浸しになっており、子供ながらに火事とそれに対する消火活動の激しさを思い知ったという。

母親達がお喋りに夢中になっている間、退屈した彼と友人は興味本位で燃えてしまった隣の家を見に行った。

今とは違い、それほど厳重な警備体制ではなかったらしい。一応、警察官も立っていたが、厳重に見張っているという訳でもなく、隙を突いてすんなりと家の中へ入ることができた。

もっとも家は既に全焼しており、家の一部と柱が焼け残っているだけで何も残ってはいなかった。

上を見れば焼け落ちた屋根の代わりに、どんよりとした空が覗いている。

焼け残った柱からはいまだぽたぽたと消火の水滴がこぼれ落ちていた。

彼らはさらに奥に行ってみようと、真っ黒に焦げた木の板の上を飛び石のように歩いていった。

少し進むと大きな木の板が敷かれており、どうやらそこは浴室があった場所らしいと彼らにも想像が付いた。

しばらくその板の上で彼らはお喋りをしていたらしいが、すぐに飽きてその家から出た。

友達の家に戻ると母が自分を探しており、そろそろ帰るわよと言われてその日は家に帰った。

翌日、母親がこんなことを言ってきた。

「あの焼け跡から焼死体が見つかったみたいだよ……。見つかったのは今日だって言うから、あんたと昨日一緒に行ったときには、まだあそこに焼死体があったってことじゃないか。怖いねぇ」

それを聞いた彼は、さらに詳しい話を聞きたくなった。

「それってさ、あの家の何処らへんから見つかったの？」

すると母親は、渋い顔をしながらこう教えてくれた

「何かねぇ、お風呂場の近くから見つかったって話よ。人が住んでなかったなんて言われていたけど、やっぱりちゃんとあの家で生活している人がいたんだね。あんたも火事には気を付けなさいよ、火遊びなんかしちゃ駄目よ！」

それを聞いて彼は絶句した。

あの家の中の……風呂場……。

しかも遺体が見つからずに埋もれていたとすれば、あのとき、彼と友達が立っていた木の板の下くらいしか思いつかなかった。

彼は急に怖くなってしまい、その日はずっと母親の側から離れなかった。

明日学校に行ったら真っ先に友達にその話をしなければ……そう思ったという。


しかし、翌日学校に行くと友達は学校を休んでいた。

その日だけではない。その翌日も、そのまた翌日も……。

心配になった彼は、すぐにでもその友達の家に行きたかったが、やはり焼け跡の焼死体のことを思うと怖くなってしまって、どうしてもあの場所に行くことができなかった。


彼はその頃、夜毎悪夢にうなされるようになっていた。

夢の中の彼は辺り一面火に覆われた場所にいて、必死にそこから逃げ出そうともがいている。

だが何者かががっしりと彼の背中をつかんでいて、動くことができないのだ。

苦しさに思わず後ろを振り返ると、真っ黒な塊が彼に覆いかぶさってくる。

〈熱い……熱い……〉

黒い塊は擦れた声でそう言った。

彼は恐怖に引きつりながら、何とかその体を振りほどこうともがき続ける。

そして、体がフッと軽くなった瞬間にいつも夢から覚めるのだ。

起きると体中が汗びっしょりになっており、そこからはもう再び寝つくこともできず、朝まで起きているしかないのだという。

そんな夜が毎晩のように続いたが、ある夜からぱったりとその夢を見なくなった。


ただ、それと時を同じくして、友達が突然引っ越していった。

父親の仕事の都合でということだったが、時期も中途半端であったし、あまりにも突然に思えた。常ならばクラスでお別れ会などもやるものだが、その暇もなかった。

彼は仲の良い友達がいなくなってしまったことを大層悲しんだ。


しかしあるとき、その友達が引っ越していったのではなく、実は死んだのだという噂が流れてきた。

ただ、その噂は先生から出てきた話だったから、かなり信憑性は高いと子供ながらに思った。

何故、彼は死んだのだろう。

何故、彼の両親は引っ越したなどと言ってごまかしたのだろう。

いや、やっぱり信じたくない。死んだなんて嘘だと言ってほしい……。

風呂に入りながらぐるぐるとそんなことを考えていた彼は、風呂から上がったところを母親に呼び止められた。

「あんた……！　その背中どうしたの？」

そう言って心配そうに駆け寄ってくる母。

無自覚だった彼は、母親に鏡を使って自分の背中を見せてもらい、全身に鳥肌が立った。

背中の肩甲骨の辺りの皮膚が真っ黒に変色している。

色が変わってしまっているだけで、痛みも何もなかったが、どうにも気味が悪い。

これではまるで……焼死体のようではないか。

そのとき、彼は全てを察したという。

やっぱり友達はもう、死んでいるのだろう。

あのとき、自分達は遺体を踏みつけてしまったから。

焼死体はきっとそのことを恨んでいる。

友達も自分と同じ夢を見て、あの黒い塊の力に負けてしまったのではあるまいか。

彼は自分よりちょっと気の弱いところがあったから、振りほどくことができなかったのかもしれない。

そんなふうに考えてしまうのだった。


今でもあの日、焼け跡で板の上に立ったときのことを思い出す。

足の裏に感じた、何とも言えない感触……。

それを思うと、いまだに恐怖で固まってしまうのだと彼は言った。

道連れ

彼女は昼間は事務員として働きながら、夜は歓楽街にあるラウンジで働いている。できるだけ定時で会社を退社し、午後八時からはアルバイトとして酔っぱらい相手の接客をしているのだそうだ。

お店は無理を言って午前零時には上がるようにしている。

それでも、お店が忙しいときは午前一時や二時になってしまうこともある。

そんなときはできるだけ昼間の仕事に支障が出ないように集中し、細心の注意をはらいながら仕事をするのだという。

何故そこまでして昼夜二つの仕事を掛け持ちするのかといえば、それは彼女の幼い頃からの夢の実現のため、その資金を貯めるためであった。

会社もそのことは理解してくれていて、夜のバイトの副業も認めてくれているそうだ。

しかし、一つだけ気掛かりなことがあった。

それは彼女が夜の店で働いていることを知った祖母が激高しているということだった。

もっとも彼女は祖母と同居している訳でもなく、親戚の噂としてそんな話を聞いただけだった。

しかし、あるとき、その祖母が癌で入院することになり、彼女も家族と一緒に祖母が入院している病院へ見舞いに行った。

ところが、彼女の姿を見つけた祖母は、血相を変えて彼女にまくし立てた。

「お前なんかに見舞いに来てほしくはないよ！　汚らわしい！　さっさと帰りな！　夜の仕事をするなんて、お前は一族の恥さらしだ！　生きてる価値なんてないからもう死んでおしまい！」

そんな激しい言葉で彼女を罵ったという。

彼女自身、水商売のバイトを始めるときにはそういう目もあるだろうと、ある程度の覚悟はあった。

しかし、実際に夜の世界で働いてみて、彼女の意識は変わったという。

皆、自分の生活のために必死になって働いている。

確かに汚い人間関係を垣間見ることもあったが、それも皆、必死に生きているが故。

それは昼間の仕事しかしていなかった彼女にとっては衝撃的な光景だった。

だから彼女も精一杯そこで頑張ってみようと努力してきた。

今では夜の仕事に誇りを持てるほどに心の持ちようも変わっていた。

そんな矢先に、実の祖母から吐き捨てるように投げつけられた罵詈雑言《ばりぞうごん》は彼女の心に深く突き刺さった。

ただ、癌で余命も幾ばくもないと聞かされていた祖母に対して何か言い返せるはずもなく、彼女は黙って病室から出るしかなかった。

家族や親戚は彼女を慰めてくれたが、やはりそれでも彼女にとってショックなことには変わりなかった。

見ず知らずの他人に言われるのならば気にもしなかったが、さすがに祖母にそんなことを言われてしまうとなかなか気持ちの整理が付かなかった。

しかし、どちらの仕事も休む訳にはいかない。また日々の忙しさに追われているうちに、そんなこともすっかり忘れて、以前のように元気に働けるようになったという。

そんなある夜のことだった。

彼女は夜の仕事が終わるとタクシーに乗って帰宅する。

しかし、いつもちょうど千円で足りる地点でタクシーを降りて、そこからは徒歩で帰宅するのが決まりだった。

お店からは千円までのタクシー代しか負担されなかったからである。

せっかく辛い思いをして働いているのに、それがタクシー代に消えてしまっては夢の実現が遠くなってしまう。

タクシーを降りてから自宅までは徒歩で二十分程度。

酔い覚ましにはちょうど良い距離だった。

ただやはり夜は危ないから、できるだけ明るい場所を選んで歩くようにしていた。

午前零時過ぎの街はまだ歩いている人もそれなりにいて、怖さを感じることはなかった。

しかし、一か所だけ暗い場所があり、そこを通るときは注意していた。

高架下を通る細い一本道。

街灯もなく、かなり暗い場所であったが、その道を通れば確実に五分は短縮できる。

翌日の事務仕事に備えて一分でも早く寝たい彼女にとって、その五分はとても大きなものだった。

だから、いつも彼女はその道を通って帰宅することにしていた。

しかし、その夜はいつもと違う妙な感覚があった。

歩いていると、何故か下へ下へと降りていくような感じがするのだ。

確かに細い道ではあったが、道自体は平坦であり、それまではそんな感覚に陥ったことは一度もなかったという。

おまけに、その高架下の道は百メートルほどの長さであったが、それがどれだけ歩いても一向に出口に近づかないのだ。

(何で？　……いつもならとっくに……)

そんなことを考えながら、彼女は黙々と歩き続けた。

とにかく一刻も早くその道を通り抜けたかった。

しかし、どれだけ歩いても出口は遥か彼方にあり、一向に近づいてこない。

心臓が早鐘のように鼓動を速めていく。

思わず走りだしそうになったそのときだった。

「お疲れ様……今夜も忙しかったかい？」

突然聞こえてきたしわがれ声に、彼女は驚いて背後を振り返った。

五メートルほど離れた場所に、年老いた女性が立っている。

しかも、その声には間違いなく聞き覚えがあった。


「おばあちゃん……なの？」


彼女は恐る恐るそう言った。

真っ暗で顔がよく見えなかったが、シルエットは祖母にそっくりだ。

何よりその声は、どう聞いても祖母の声にしか聞こえなかった。

「ああ……そうだよ。この間は酷いことを言って悪かったねぇ……。もうそんなに頑張らなくてもいいんだよ……全部私が悪かったんだ」

祖母らしき女性はそう言うと、彼女に向かってゆっくりと手招きをした。

「もっと……もっと、こっちへおいで……。一緒に行こう」

その声は、先日の病院とは打って変わって優しいものだった。

祖母はいつも厳しく怒ってばかりいる印象だったから、彼女は戸惑ってしまい、すぐには動けなかった。

「おや、来ないのかい……？　それじゃ、私からそっちに行こう……」

すると祖母らしき女性は、彼女のほうへゆっくりと近づいてきた。

距離が縮まって、やっと女性の顔がはっきりと見える。

やっぱり祖母だった。

「本当におばあちゃんだったんだ……。でも、どうしてこんな時間に外にいるの？　もう外出しても大丈夫なの？」

そう問いかけると、祖母の顔に満面の笑みが広がった。

（……！）

その顔を見た瞬間、彼女は無意識にその場から走りだしていた。

何故かは分からない。

とにかく祖母から離れなければ……そう思った。

優しい言葉を掛けてくる祖母が気持ち悪くて仕方がなかった。

その笑い方は何処か歪で、人間の表情には見えなかった。


「はぁ……っ、はぁ……っ」


彼女は息を切らし、必死になって出口に向かって走り続けた。

いや、出口でなくてもかまわない。祖母から逃げられれば何処でもよかった。

それほどまでに彼女は祖母の優しさに恐怖していた。

無我夢中で走り続けていると、突然、目の前に光が溢れ、彼女は一気に真っ白な空間で目を覚ました。

「○○さん、大丈夫ですか？」

意識を取り戻した彼女に看護師や医師が声を掛けてきた。

そこは病院の、それもＩＣＵのベッドの上だったのだ。


その後、何とか一命を取り留めた彼女はＩＣＵから一般病棟に移り、そこで初めて自分の身に起きたことを両親から知らされた。

話によると、彼女は夜の仕事の帰り道、タクシーに乗っているときに事故に遭い、生死の境を彷徨っていたらしい。

そして、彼女が事故に遭った同じ夜、入院中の祖母も亡くなっていたそうだ。

だがそれは癌の進行によるものではなかった。

祖母は自ら死を選んだのだという。

遺書には彼女への恨み辛みが延々と書かれており、最後の行にはこう書かれていた。

『あの出来の悪い子は私が連れて行く……』と。

それを聞いて彼女は戦慄《せんりつ》した。

祖母があのとき、自分の前に現れたのは、あの世に連れて行くためだった。

それも自殺してまで……。

祖母の偏った執念に改めてぞっとするとともに、助かったことに涙があふれ出た。

彼女は元気に回復し、相変わらず昼と夜の仕事をこなしているが、帰り道にあの高架下を通ることはやめた。

今もそこで祖母が待っているような気がする……そんな確信があるのだそうだ。

明かり

その葬祭会館が建てられた場所は住宅街の中だった。

住宅街ということで多少は住民の反対も出たが、元々その地域には斎場が先にあり、その周りに住宅街が形成されたため、それ以上のトラブルはなく、無事にその葬祭会館は完成し、営業をスタートさせた。

しかし、その葬祭会館が建てられてから奇妙なことが起こるようになった。

元々、その土地は田んぼを造成したもので、斎場のすぐ近くに建っている。かと言ってこれまで斎場周りで怪異が起きたという話も聞かなかったし、特に曰く付きの土地であるという噂は聞いていなかった。

奇妙なことというのは、その葬祭会館の二階の一部屋が、常に明かりが点いたままになってしまうということだった。

勿論、通夜や葬儀がない日でもその現象は起きる。

最初は葬祭会館の職員が消し忘れたのだろうと、二階に行ってその部屋の明かりを消したそうなのだが、やはり建物から出て車で走り去ろうとする頃には、またしっかりとその部屋の明かりが点いている。

何度消してもすぐにまた点いてしまう不気味な部屋の明かり――。

当然、部屋に行っても中には誰もいない。

そのうちに職員さん達も慣れてしまい、きっと亡くなられた方があの部屋で寛いでいるのだろうとおおらかに考えるようになり、特に気にする者もいなくなった。

しかしあるとき、葬祭会館の社長がその話を聞いて、激怒したという。経費削減をしているのに何を無駄遣いしているんだと、自らその部屋を確認しに行ったそうだ。

結局、社長さんの帰りがあまりに遅いので、心配した職員が部屋へ確認しに行くと、社長さんはその部屋の真ん中で気を失って倒れていた。

葬祭会館を何軒も経営しているその社長さんは、決してお金ばかりの人ではなかった。霊の存在もちゃんと信じているし、並大抵の怪異には全く動じないくらいに肝の太い方だったらしい。

だから社内ではそのとき、いったい社長はあそこで何を見て、どんな目に遭ったんだ？と興味津々の憶測が飛び交っていたそうである。

だが、当の社長さんは、

「もう思い出させないでくれ！　それからあの建物の二階は封鎖だ！　完全に閉鎖しちまってくれ！」

とだけ言って、それ以上はもう誰が何を聞いても一切語ってはくれなかったという。

今でもその葬祭会館の二階の一部屋は常に明かりが点いたままの状態になっているが、特に事故や事件は起きてはいないということである。

通夜

通夜は元々、亡くなられた方を火葬する前に親族や知人が夜通しで守るために存在しているという話を聞いたことがある。

それではいったい何から死者を守らなければならないのか？

その理由はもしかしたらこれから書く話の中にあるのかもしれない。


現在は関西の都市部で暮らしている彼だが、元々は東北の出身なのだという。

しかも、かなり過疎化が進んだ山間の村だそうで、今では若い者は皆外へ出てしまって、そこで暮らしている者はほとんどいないのだという。

そんな高齢化の進む過疎の村だからこそ、昔ながらの特殊な慣例が続いているのかもしれない。

彼が生まれ育った村では、村人が亡くなるとその日のうちに全ての工程を終わらせる。

通夜的なことは昼間のうちに終わらせてしまい、その後は親族だけで火葬を終わらせる。

そして、もしも夕方や夜に亡くなられた方が出た場合には村人総出ですぐに火葬に取り掛かる。

とにかく昼間の通夜にしても夜の火葬にしても、例外なく村人全員が立ち会った状態で執り行われる。

そして、火葬を先に済ませた上で翌日に葬儀を執り行うのだそうだ。

どうして昼間に行われるのに通夜的なこと、と書いたかといえば、その村で言う「通夜」とは村人全員で亡くなられた方が連れて行かれないように守るためのものだからだという。

夜になると、亡霊や魑魅魍魎《ちみもうりょう》の類が亡くなられた方の遺体を奪おうとやってくる。

それらは遺体を使って現世に留まり、生きている人間のふりをして悪さをする。

その村では古来、そう言い伝えられている。

だから、亡くなられた方の遺体が荼毘《だび》に付されるまで、村人全員で死者の体を守るのだそうだ。

過去にその慣例を破って、夜に通夜を行った者がいたそうで、そのことは彼の記憶にも鮮明に残っているそうだ。

そのときは村人達は恐れをなし、通夜に弔問する者は誰もいなかった。

結果として、そのとき亡くなられた男性の遺体は通夜の会場から忽然と消えてしまったという。

さらに言えば、それ以後、村人の間では亡くなった男性の姿を目撃したという者が後を絶たなかったそうだ。

そして、夜に通夜を強行した一家は一人、また一人と変死する者が続き結局、その家は根絶やしになり、住んでいた家も空き家になってしまった。

だが、怪異は終わらず、今度はその空き家になった家の中から叫び声が聞こえたり、人の姿を目撃する事例が多発してしまい、最後には家ごと取り壊されることになった。

建物まるごと焼失させるという方法で……。

燃え落ちる家屋からは不気味な叫び声が聞こえ続けていたそうだが、完全に家が燃え尽きてしまった後は、その村で怪異が起こることもなくなったということである。

帰ってくるな

彼女は毎年、母方の実家に帰省するのが楽しみだった。

子供の頃から夏休みになるといつも両親に連れられて母方の実家に帰省する。

彼女が社会人になり、両親のほうは面倒なのかすっかり足が遠のいていたが、彼女自身は母方の実家の雰囲気が大好きで、社会人になってからも年に一、二回は一人で帰省していた。

母方の実家はかつてそこその地主だったようで、古いが大きな屋敷があり、屋敷の周りには畑が広がっていた。

海も近く、正に彼女の理想とする田舎ののどかな風景がそこにはあった。

しかし、それ以上に気に懸けていたのは祖父のことだった。

祖母が数年前に亡くなってから一時期はかなり寂しそうに見えた。

だから、祖母が亡くなって祖父がその屋敷で一人暮らしを始めると、彼女はさらに頻繁に母方の実家に寄りつくようになっていた。

そしてあるとき、祖父にあるお願いをしたのだという。

それは、蔵の中を見せてほしいということだった。

実は彼女、屋敷の一番奥にある大きな蔵が気になって仕方がなかったのである。

幼少の頃から何度もその蔵に忍び込もうとしては、祖父母に怒られていた。

その怒り方はいつもの優しい祖父母からは想像もできないほどであり、そのときは縮こまって反省するのだが、時間が経つとやはり蔵への好奇心がむくむくと膨れ上がり、見たくてたまらなくなってしまうのだった。

祖母が亡くなり祖父が一人暮らしを始めた際、彼女は久しぶりに祖父に懇願したのだという。

「ねぇ、おじいちゃん。一度でいいから蔵の中を見せてよ」

しかし、それでも祖父はなかなか首を縦に振らなかった。

どうやらその蔵の中にはかなり古くからの物が収められており、その中には所謂「曰く付き」と言われる物が幾つか封印されているらしいのだ。

その危険さから、近年は誰もその蔵の中に入った者はいないのだと聞かされた。

しかし、やはり孫というのは幾つになっても可愛いものなのだろう。

何度も頼んでいるうちに、ようやく祖父はある条件の下に首を縦に振ってくれた。

その条件とは、祖父が事前に蔵の中の品々を確認する、ということだった。

その上で危険がないと判断できれば、彼女にも蔵の中を見せてやろう――そう約束してくれたのだという。


いよいよ来週、祖父の元へ帰省するという頃のことだった。

突然、祖父から彼女に電話が掛かってきた。

「もしもし、おじいちゃん？　蔵の中はどうだった？　私、本当に楽しみにしてるんだから、来週そっちに行ったときには約束通り、蔵の中を見せてね！」

そう声を弾ませる彼女に、祖父はいつもとは違う弱々しく声でこう言った。

「いや……やはり、あの蔵の中には入ってはいけなかったんだ。ワシはとんでもないことをしてしまったのかもしれん……。だから、お前はもう二度とここに来てはいかん！　絶対にだ！　ワシの身に何が起ころうと絶対に戻ってくるな！　ワシの頼みを聞いてくれ！　いいか！　死にたくなければ、いや、お前を死なせる訳には絶対にいかんのだから、もうこの土地に来てはならん。二度と近づくな！　それじゃ、元気でな！」


祖父は一方的にそれだけ言うと、電話を切ってしまった。

彼女は祖父が何を言っているのか、全く理解できなかった。

だから何度も祖父に電話を掛け直したらしいが、その後、彼女の電話に祖父が出ることはなかった。

勿論、祖父の言った言葉を全て信じた訳ではなかった。

ただ、祖父がそれほどまでに言うのだから何か都合が悪くなったか、もしくは何かやむにやまれぬ理由があるのだろうと理解して、翌週の帰省は見送ることにした。

しかし、それからしばらくすると今度は何度も祖父のほうから電話が掛かってくるようになった。

電話に出ると、受話器の向こうから祖父は寂しそうな声で、

「早く戻ってきておくれ……。ずっと待ってるんだから……。もうワシの首は待ちきれな

くて長くなってしもうとる……。頼むよ……待っとるからなぁ」

と懇願する。そんな電話だった

しかし、彼女はその声に少しだけ違和感を覚えたという。

確かに祖父の声に間違いはなかった。

しかし、うまく説明できないが、何処か不自然なのだ……。

それに、あれほど強く戻ってくるなと言っていた祖父が、そんなにすぐ考えを変えるとは思えなかった。祖父は昔からこうと決めたら頑固なタイプだったから。

ただ、会えない祖父のことが心配なのも確かだった。

このままずっと帰省しなかったら、祖父とはもう会えなくなってしまうかもしれない。

彼女は思い悩んだ末、次の週末に祖父のもとを訪ねることを決めた。

電話が来たのは、その矢先だった。

それは祖父の訃報だった。

死因は縊死《いし》で、高い天井から首を吊った祖父は腐乱した死臭により近隣住民に通報され、発見されたのだという。

発見されたとき、祖父の首は自重で異様に長く伸びており、性別すら判断できないほどに腐乱していた。

不可解だったのは、どうやったらそんな高い場所から首を吊ることができたのかという点だった。この点については説明が付かず、他殺も含めて捜査されたが、結局侵入者の形跡が見つかることもなく、そのまま自殺として処理されたそうだ。


しかし、彼女はそのとき、こう思ったという。

きっと祖父は、彼女のために蔵の中に入り、何かに魅入られてしまったのだ、と。

そしてあの不自然な電話。

あれは彼女を呼び寄せるために、そいつが祖父の声色を使って電話してきたにちがいない。

「早く戻ってきておくれ……」と。

その証拠に、彼女に電話が掛かってきたとき、祖父は既に死んでいた計算になるのだ。

だから犯人は絶対に見つからない。

それは人間ではない、ナニモノかの仕業なのだから……。

彼女は祖父の最後の言いつけを守り、祖父の葬儀にも参列することはなかった。

だが、彼女の電話にはそれからも一か月半ほどの間、祖父の声で電話が掛かってきていたそうだ。

さぁ、早く戻ってきておくれ……と。

見つかった遺体

彼女の父親はとても温厚な性格だったそうだ。

日本海に面した漁村で生まれ育った彼女は、幼い頃から父親の漁船に乗せてもらうのが楽しみで仕方なかった。

漁師というと気が荒く、寡黙な人間を想像しがちだが、彼女の父親はそんなイメージとは対照的に明るくお喋りで、周りの人間の悪口など一切言わない人であった。そのせいか、決して敵を作ることもなく誰からも慕われていて、彼女はそんな父親が大好きだった。

そんな父親が年がら年中彼女に言って聞かせていたのは、「お前は絶対に漁師なんかと結婚するんじゃないぞ」ということだった。

いつも楽しそうに漁に出ている父親がどうしてそんなことを言うのか、いつも彼女は不思議に思っていたそうだ。

そして、ちょうど彼女が高校に入った頃から、父親は彼女にこんなことを言うようになった。

「ワシはきっと海では死ねんのだろうな……。だから、きっと山で死ぬことになる……。ワシが死んだら山を探してくれ……頼んだぞ……」と。

父親は登山など一度もしたことがなく、いつも海で漁をしているか、天候の悪い日には家で寝ているかどちらかだったので、彼女はいつも、

（おかしなことを言うなぁ……何でお父さんはそんなことばかり言うんだろう？）

と首を傾げるばかりだった。

しかし、彼女が高校二年のとき、仲間の船と一緒に漁に出ていた父親が船と一緒に行方不明になってしまった。

その日は決して天候も悪くなく、海も荒れていなかったらしいが、仲間の船が気付いたときには父親の船は跡形もなく、忽然と洋上から消えていたのだという。

何かのトラブルによる沈没としか考えられなかったため、漁協関係者や警察も加わって懸命の捜索を行ったらしいのだが、結局、父親の遺体どころか船の一部すら見つけることはできず、遺体のないままに葬儀が行われたという。

しかし、葬儀が終わってしばらく経った頃、彼女の夢の中に父親が出てきた。

父親は悲しそうな顔で彼女を見つめながら、

「山を探してくれ……」

とだけ呟いたのだという。

勿論、彼女はその言葉を母親や他の大人達にも伝えたらしいのだが、夢の話など誰も信じてはくれなかったそうだ。

しかし、彼女が社会人として働きだした頃、不可思議なニュースが飛び込んできた。

彼女の父親の遺体が北アルプスの断崖絶壁の途中にある隙間から見つかったのだという。

既に遺体は完全に白骨化しており、誰もが真偽を疑ったが、どれだけ鑑定してもそこにあったのは間違いなく父親の遺体だったそうだ。

誰もがこの信じ難い事実に驚愕した。

勿論、彼女自身も……。

そして、それが彼女が体験した怪異であり、唯一のトラウマになっているのだという。

確かに、そんな不可思議な体験をしたのだから仕方ないよね、と同意すれば、どうやらそういう意味ではないのだという。

彼女の父親はそれから何度か彼女の夢に出てきたらしく、その度に顔や体がどんどん腐っていき、最後には明らかに人外の何かになってしまったらしい。

それはどう考えても父親とは思えなかった。
父親はきっと別の何かに変わってしまった。
不気味過ぎる姿と、恨めしそうな目をした人外の何かに……。
ソレは、じっと彼女を睨んでくるのだという。

「あの姿は一度見たら忘れることはできません……」

彼女は最後にそう呟いて首を振った。

窓の下に広がる墓地

彼と知り合ったのは今からかなり前のことになる。

デザイン事務所にふらりと営業訪問した際、彼が対応してくれたのが切っ掛けだ。

物腰も穏やかで真面目な性格、そして何より俺と年齢が同じであり、趣味がギターというのも一致して、すぐに意気投合してしまった。

以来、彼とは一緒にバンドを組んだりライブをしたりと公私ともに仲良くさせてもらっている。

その頃はデザイン事務所の社長である父親の元で修行している一従業員だったのだが、今はそのデザイン事務所の経営者になっている。

建物も綺麗にリフォームされており、とてもお洒落な環境で仕事をしている彼のことを羨ましく思うこともあるが、そこには見かけだけでは分からないものもある。

確かに俺も、昔からその存在には気が付いていた。

デザイン事務所が建つ崖の下に墓地が広がっているのだ。

しかもそれは墓石の建てられた立派なものではなく、もっと古い、むき出しの卒塔婆《そとば》が打ち捨てられたような無縁墓地であった。

何故その場所に無縁墓地があるのかは分からない。

ただ、彼のデザイン事務所に出入りするようになってすぐに俺はその存在に気付き、それから極力墓地のほうは見ないようにしてきた。

できるだけ関わり合いになりたくない、いや……関わったら危ないと思ったからだ。

無縁墓地が持つ独特の雰囲気のせいだけではなく、俺はその墓地からざわざわとした騒がしさのようなものを常に感じていた。

今は整備され、すぐ側には小さな公園まで造られているのだが、それでもその墓地から漂う違和感は全く薄れていない。

無数の視線を感じる、とでも言えばよいのだろうか……。とにかくその墓地からは常に嫌な空気を感じてしまい、落ち着かないのだ。

彼がデザイン事務所をリフォームする際も、本来ならば墓地が見えないよう崖ギリギリのところに高い塀を建てるつもりだったと聞く。

しかし、事務所では不幸な出来事が続いた。

父親が倒れてきた鉄製の板に挟まれる形で足が不自由になった。

母親も何度も脳梗塞で倒れ記憶が失われるとともに、まだ若年齢にも拘らず認知症ともとれる症状を発症した。

彼自身も事故に遭ったり怪我をしたりと散々だったらしいが、その中でも一番悲しかったのは、彼のギターコレクションの中でも特に気に入って大切にしていた高級ギターが再起不能になってしまったことだった。

朝、デザイン事務所に出社した彼は、二階の自室に置かれているギターがケースごと何か強い力に押し潰されていることに気付き愕然とした。

警察にも通報し、侵入者の存在を疑ったが、何処からも侵入された形跡は見つからず、そのまま有耶無耶《うやむや》になってしまった。

だが、完全に施錠されセコムが作動している状態の事務所に、センサーに感知されることなく侵入することなど確かに不可能なことだった。

それが、人間の仕業ならば……。

そのときにはもう、彼ら家族もその土地に紐付けられた不可思議なモノの存在には気が付いていたようだ。だが、別の場所に引っ越すほどの金銭的余裕はなく、仕方なくその場所でリフォームすることに決めたらしいが、件の高い塀を建てようとした際に、またしても事故が起きて、作業員が大怪我をした。

だからもう、彼らはその崖に高い塀を造ることも諦めて、そのまま無駄な抵抗はせずにリフォームを終えた。

それからは確かに不幸は起きていない。

しかし、細かな怪異はやはり頻繁に発生しているようだ。

あるときは、窓の外から大勢の人の喋る声が聞こえてくる……。

またあるときは、パソコンの電源が突然落ち、事務所がぐらぐらと揺れる……。

そうした小さな異変は数えたらきりがない。

ただ、やはり困るのは夜一人きりで事務所に残って作業をしているときだという。

事務所の中をペタペタと沢山の人が歩き回る足音が聞こえる。

視線に気付いて窓を見ると、そこに貼りつくようにして顔をくっつけた数人の男女の顔が見えるのだそうだ。

また、事務所の中で着物姿の男女の姿を目撃した経験もあるらしい。

そういえば以前、バンドのライブの本番が迫っていたとき、彼の事務所の二階で練習していた時期があったのだが、そのとき録音した音源には何か低い声で叫ぶような異音が延々と収められていたことがあった。

そのとき、ふと気になって二階の窓から眼下の墓地を見下ろしてみると、そこには明らかに人間ではない亡者の群れがこちらを見ていた。

わざわざ彼にそのことを言いはしないが、やはりその場所は本来生きている者が近づいてはいけない禁忌の場所なのかもしれない。

瞳の中の彼女

彼女は毎朝、午前七時前には家を出て電車で通勤している。

その日もいつもの電車に乗って通勤先へと向かっていた。

会社の仕事にやりがいも感じられなかったし、できることならば仕事をしないで楽に生活できる方法はないものか、といつも考えていた。

しかし、そんな妙案など浮かぶはずもなく、彼女はその朝もいつも通りに惰性のまま出勤ラッシュの電車の中にいた。

そこで彼女は人生で初めての体験をしてしまう。

電車がけたたましく警笛を鳴らした直後、自分が乗っている車両の下で何かを巻き込むような音がした。

そして、それが電車への飛び込み自殺だったことを車内放送で知った。

直前の、自分が乗っている車両が何かに乗り上げ巻き込み潰していくような感覚がはっきりと思い出され、彼女は暗澹《あんたん》たる気持ちになった。

彼女にとってそれはかなりショックな出来事で、結局その日は気分が優れず、そのまま会社を休むことにした。

別に遺体を見た訳でもなかったし、そのとき自殺したのが彼女と同じくらいの若い女性だと知ったのも、人の噂によるものだった。

しかし、それから彼女に異変が起こり始めた。

目を閉じると、いつも知らない女性がぼんやりと見えるようになったのだ。

目を開けているときには見えないのだが、何故か目を閉じると一瞬、女の姿が見えるような気がした。

はっきりと見えている訳でもなかったので、彼女はそのまま放置することにした。

寝ているときに見えては困るが、そのようなことはなかったので、さほど気にすることもないかなと思ってしまったらしい。

しかし、状況は次第に悪化していった。

目を閉じているときだけに女の姿が見えるというのは変わらなかったが、その姿はよりはっきりと、長く見えるようになっていく。

そして、寝ているときには見えないというのも同じだったが、代わりに毎晩、同じ夢を見るようになってしまった。

夢の中で彼女は踏切の前に立っており、近づいてきた電車に自分の意志とは関係なく飛び込むのだという。

そして、自分の上を電車が巻き込みながら通っていくのをはっきりと体感した。

痛みこそなかったが、とてつもない死の恐怖に翻弄され、叫びながらその悪夢から目覚めるのが日常になった。

この状況に至って、彼女は今自分の身に起きている現象が、あのとき遭遇してしまった人身事故と何か関係があるのではと思い始めた。

病院に行って診察してもらっても、目にも脳波にも異常が見つからなかったのだから、考えられるとすればもう、そういう理由しか思い浮かばなかった。

そうこうするうちに、とうとう彼女は昼間でも夜間でも、そして起きていても寝ていても、目を閉じていても開いていても関係なく、常に女の姿が視界に入るようになってしまった。

その姿も最初とは違い、電車に轢《ひ》かれて無残な肉塊になった姿を常に見せつけられるようになってしまったという。

何故、彼女がそんな怪異に巻き込まれなければならなかったのか……。

その理由は分からない。

現在、彼女は精神を病んでしまい、独房とも呼べるような病院施設に収容されているということである。

迎えに来た

これは彼が幼少の頃に体験した話になる。

その頃、彼は自宅から徒歩で十分ほどの保育園に通っていた。

両親が共働きだった彼は、三歳の頃からその保育園に預けられていた。

皆、両親が共働きという同じような家庭環境の子ばかりであるし、五歳になる頃には仲の良い友達でいっぱいになっていた。

これはそんな頃に起こった怪異になる。


その頃、一緒にその保育園に通っていた男の子が亡くなる事件があった。

道路に飛び出しての事故死だったそうだ。

保育園ではその事故を受けて、子供達や親御さんに交通安全の講習などを行って、再発防止に努めたという。

ところが、ここで別の問題が起こった。

亡くなった子供の母親が、毎日その保育所に来るようになってしまったのだ。

それも、毎日決まった時刻に。


「うちの子を迎えに来ました。早く連れて来て下さい……」


門のところでぼんやりと立ってそう言う母親に、先生達は何も言えなかった。

亡くなった子供の家庭は母子家庭で、子供は一人しかいないことは分かっていた。

そのたった一人が亡くなってしまったのだから、お迎えの必要な子は彼女にはもういない。ということは、彼女は自分の子供が事故で亡くなったことをいまだに受け入れられず、毎日こうして迎えに来ているのだろう。

先生も、他の保護者達も、子供を失った彼女が気の毒で強く拒絶することもできず、困った視線を交わすばかりであった。

だが、その対応は間違っていたのかもしれない。

母親は毎日、その保育園にやってきては、どれだけ待っても自分の子供を連れてこない先生達に酷い言葉を浴びせ、暴力まで振るうようになっていった。

とうとう警察沙汰になり、母親は保育園に近づけないよう措置がなされた。

保育園側も必死だったのだろう。

先生と子供達の安全を守るためには致し方ない選択であった。


しかし、その母親が来なくなってから不可解な現象が起きるようになった。

亡くなったはずの男の子が、母親の迎えを待っているかのようにぼんやりと保育室の窓から外を眺めている姿が、複数の先生や子供達に目撃されたのである。

思わず声を掛けると、一瞬こちらを振り向いて、そのまま霧のように消えてしまう。

しかも、その男の子の目撃頻度はどんどんと増えていき、やがてその男の子に階段から突き落とされたり、突然突き飛ばされたりする子供まで出たのだという。

さすがに皆、恐ろしくなってしまい、保育園を変えたり来なくなったりする子供が増えていった。

保育園側としては超常現象や幽霊など信じてはいなかったが、これだけ目撃情報が集まってしまうと、むげに否定はできない。

そして、いつしか先生方の中から、ひょっとして原因はその男の子の母親にあるのではないかという考えが出てきた。

先生方は相談の上、母親が住んでいる家を訪問してみることにした。

だが、母親に会って話をする前に、その家に漂う異常な臭気に気付き、警察に連絡した。

母親は既に腐乱が進み、酷い状態だったという。

司法解剖の結果は、自殺と断定された。

そのときに訪問した先生達はその一件がトラウマになり、保育園に出てこられなくなる者が続出した。


しかし、これでこの話は終わりではない。

それからその保育園には毎日午後五時半になると、必ずあるモノがやってきた。

それは、亡くなった母親と男の子だった。

そして、その保育園に通っている友達の名前をニコニコと呼ぶのだという。

「○○ちゃん、迎えに来たよ……」と。

そんなことが続いてしまい、結局その保育所は閉鎖された。

先生方や子供達の中には精神を病んでしまう者もかなりいたそうだ。

園が閉鎖されてからも、周囲の住民が何度もその親子が迎えに来ている姿を目撃しており、結局それはその保育所の建物が取り壊されるまで続いたそうだ。

「その親子は何のためにその保育所にやってきていたのか……。それを考えると今でも恐ろしくなります」

最後に彼はそう話してくれた。

迎えに行くよ

彼女には友達という者がいない。

何をするのもいつも一人きりなのだ。

ただ友達がいない理由はシンプルだ。

彼女自身が友達というものを欲していないし、作ろうともしていない。

それだけのことだ。

実際、学生時代も社会人になってからも、誰から誘われようとも全て彼女自身が断ってきたと聞く。

どうして、それほどまでに友達という存在を嫌がるのか？

俺はどうしてもそれが気になって、彼女に聞いてみた。

これはそのとき、彼女が明かしてくれた話である。

彼女には幼稚園時代からの友達で、Sちゃんという仲の良い女の子がいた。

母親同士も親しかったらしく、いつもそれぞれの家に行ったり来たりして遊んでいた。

ただ、小学校に上がると二人の環境はガラリと変わってしまったという。

小学校に上がった彼女はすぐに学校生活にも慣れ、新しい友達もたくさんできた。

それに対してSちゃんは学校にも馴染めず、気が付けばいつも独りぼっちで、いつしか陰湿なイジメに遭うようになっていく。

しかし、それでも彼女だけはいつもSちゃんと仲良くしていたし、イジメられている場面に遭遇したときには必死でSちゃんを護ってあげた。

だから、二人の関係自体は以前と変わらないものだったそうだ。

登校するときには彼女がSちゃんの家まで迎えに行き、一緒に登校する。

遠足があった日も、彼女がSちゃんを迎えに行くことになっていた。

元々遠足に行きたくないと言っていたSちゃんを説得して一緒に歩こうと背中を押したのも彼女であった。


しかし、遠足の日の朝、彼女がSちゃんの家に迎えに行くことはなかった。

朝起きると両親が暗い顔をして彼女にこう話してくれたという。

「あのね、Sちゃんはもういないの……」

Sちゃんの家族は昨夜、無理心中をしたのだと両親は言った。

最初にその話を聞いたとき、彼女にはその言葉の意味がよく分からなかった。

とにかく集合時間もあることだし、彼女はそのままSちゃんの家には寄らずに遠足の集合場所へと向かった。

リュックを背負った友達の顔を見ると、朝の暗い気持ちは掻き消えていったが、遠足の途中でひそひそと言葉を交わしている同級生の話を聞いて愕然とした。

Sちゃんは死んだのだ、とそのとき初めて分かったのだという。

何故かSちゃんの葬儀は執り行われなかったらしいが、今考えてみればそれも当然のことなのかもしれない。Sちゃんのみならず、家族全員が死んでしまったのだから。

それから一週間ほどは本当に暗い気持ちで毎日を過ごした。

しかし、家族の存在や他の友人達の存在が次第に元気を与えてくれた。

そうして一か月も経った頃には、ようやくSちゃんのことにも踏ん切りを付けることができたらしく、以前の明るい彼女に戻っていた。

問題はそれからだった。

夜になると、決まって彼女の家の玄関のチャイムが鳴らされるようになったのだ。

毎晩午前一時頃にはかったように鳴らされるチャイム……。

そして、何度確認しても玄関モニターには誰の姿も映ってはいない。

両親は警察にも相談したそうだが何の解決にも至らなかった。


ただ彼女にはそのチャイムを鳴らしているのが誰か薄っすらと分かっていた。

最初に一回鳴らし、そこから二回鳴らして、少し間隔を空けて三回鳴らす。

それは、いつも彼女とSちゃんの間で決めていたルールだった。

（Sちゃんが私に会いに来てくれたんだ……）

いつもそう思って起きていくと、両親から部屋に戻るように叱られた。

だから、それが本当にSちゃんだと確認することはできなかった。

それでも彼女は恐怖を感じるでもなく、ただただ単純にSちゃんが自分に会いに来てくれたことを喜んでいた。

しかし、毎晩そんなことが続くと、さすがに彼女の両親も精神的に参ってしまったようで、思案の末、玄関のチャイムを鳴らないようにしてしまったという。
それでも、彼女には別の不思議な感覚があった。
午前一時頃になると必ず耳鳴りがして、目を覚ますのだ。
チャイムの音はもう聞こえなかったが、やっぱりSちゃんと自分は繋がっている。
チャイムがなくても会いに来てくれたのだと喜んだという。
ただその頃には彼女自身、Sちゃんはもう死んでしまってこの世にはいないのだという
ことは、十分に理解できていた。
そして、チャイムを鳴らして両親を困らせていたSちゃんに、少しばかり苛立ちも感じ
ていた。

ある夜、またいつものように午前一時頃に目が覚めた彼女は、部屋の窓がコツコツと音
を立てていることに気付いた。
間違いなくSちゃんが来ているのだと思った彼女はベッドから起き上がると、窓に近づ
いて一気にカーテンを開けた。
すると、そこには間違いなく生前の姿のままのSちゃんの上半身が窓の向こうに浮かん

でいた。

そのとき、彼女はSちゃんを悟らせてあげるつもりだった。

あなたはもう死んでいるのだから、もうこれ以上うちには来ないで、と。

だから、窓の向こう側にいるSちゃんに向かって毅然とこう言い放った。

「あなたはもうここに来ちゃダメ！　だってあなたはもう死んでるんだから！　それに早く気付いてよ！」

すると、窓の向こうに立つSちゃんの口が動いて、確かにこう言った。

「そんなこと知ってるよ……だから迎えに来たんじゃない！」

その言葉を聞いて彼女は一気に恐怖に襲われたという。

すると、その恐怖心に呼応するようにSちゃんの顔がどんどんと崩れ始め、無残に腐っていった。

彼女は大声で叫びながら必死に目を逸らそうとしたがそれは叶わなかった。

目を逸らすな、こっちを見ろとばかりに、見えない力が彼女の動きを阻んでいる。

Sちゃんはそんな彼女の姿を見て、窓ごと身を揺らしながらゲラゲラと気味の悪い声で笑い続けた。

彼女の叫び声に飛び起きた両親が部屋に駆け付けたとき、ようやくSちゃんの姿はその場から消えていた。

朝になるまで家族三人で、固まるようにしてリビングで震えていた。

そして、彼女達はすぐにその家から引っ越したのだという。

どうしてまだ幼い彼女から話を聞いた後に、すぐに引っ越しを決めたのか——。

それについて両親はずっと話してはくれなかったが、彼女が社会人になってからその理由を教えてくれたそうだ。

実はあのとき、両親もおぞましいSちゃんの姿をはっきりと見てしまっていたのだという。

このままでは娘が危険だと思い、すぐに引っ越しを決めたのだそうだ。

その後、真夜中に玄関のチャイムが鳴らされることはなくなったらしいが、それでも彼女の部屋の窓は今でもたまにコツコツと音を立てるそうだ。

これが彼女が友達を作ろうとしない理由なのだが、確かにそんな経験をしてしまえばそんな気持ちになるのも致し方ないのかもしれない。

何度もやってくる

彼は名古屋市内のマンションに住んでいた。

元々は郊外の戸建てに住んでいたらしいのだが、結婚する気も失せ、仕事に没頭しようとしたときに、やはり会社までの通勤時間がネックになった。

そこで三年ほど前にそのマンションに移り住んだのだという。

中古の賃貸マンションだったが、それほど古さは感じられず、壁や床の造りもしっかりとしていたので周りの騒音に悩まされることもなかった。これまで戸建て住まいだったので、集合住宅にありがちな騒音問題などを一番心配していたのが、それも特に問題ないと分かり、彼としては新たなマンション生活をストレスなく満喫していた。


事情が変わったのは数か月前のことだった。

どうやって侵入したのかは不明だが、彼が住むマンションの屋上から一人の女性が飛び降り自殺をした。

深夜のことだったという。

勿論、そのマンションの住人ではなかったが、八階の高さからコンクリートの地面に叩きつけられたその女性は見るも無残な状態で即死した。

しかし、彼は翌朝、何か事件でもあったのかなという程度で、そのまま気にせずに会社に向かい、その自殺を知ったのはその日の夜、帰宅してからのことだったという。

マンションに住んでいる限り、そういう事件は稀にあることなのかもしれない。

ただ彼にとって不幸だったのは、その女性が飛び降りたのが彼の住む部屋の真上に当たる場所だったということだ。

おまけに、その女性は地面に落ちる前に彼の部屋のベランダに一度ぶつかっていたことが警察から知らされたのである。

無論、知らないままというのも嫌なのだが、改まって警察からそのような説明を受けてしまうと、彼としても気分の良いものではなかった。

それからというもの、気が付くと誰かがベランダに立っているような気がして、我知らずそちらを見つめてしまうことが多くなった。

しかし、どうやら怪異はベランダでは起こらず、玄関からやってきてしまったようだ。

ある夜、彼が帰宅してテレビを観ていると突然玄関のインターホンが鳴った。

(こんな時間に誰だ?)

いぶかりながら玄関モニターを確認すると、見たこともない女性が俯いたままモニターカメラに向かって立っていた。

彼は薄気味悪く思ったが、

「はい……何か御用ですか?」

とモニター越しに声を掛けた。

すると、その女性は俯いたままで、

「返してください……」

と消え入るような声で答えた。

突然「返して」と言われても彼には思い当たる節がなかった。

だから彼は、

「すみません……部屋、間違えてませんか?」

と返したという。

しかし、その女は彼の質問に答えるでもなく、ずっと同じことを繰り返してきた。

「返してください……返してください……」

さすがの彼も頭に来たらしく、

「あまりしつこいと警察呼びますよ!」

と強い口調で言い放つと、モニターを切った。


翌日の晩もその女はやってきた。

突然、インターホンが鳴らされモニターを確認すると、やはり昨夜の女がモニターに向かって俯き加減で立っていた。

しかし、うまく説明できないのだが、そのときの女の顔は昨夜よりも心なしか歪で、フォルムが崩れているように見えたという。

女は昨夜と同じように、

「返してください……返してください……」

と繰り返すばかり。

時刻を見ると既に午後十一時半を回っていた。

さすがの彼も我慢ならず、すぐに警察に電話を掛けた。

不審な女性が昨夜から玄関の前で意味不明なことを繰り返し話してくる。

どうにかしてください……と。

ほどなく警察官が二人、彼の部屋までやってきた。

しかし、そこで彼は常識では考えられない事態に直面することになる。

実は、警察官がやってきてインターホンを押した際、彼の部屋のモニターには、まだしっかりと女の姿が映し出されていた。

だが、その女の姿は二人の警察官には全く視えていないことがモニターを見ていて分かってしまった。何故なら警察官達は女の体を突き抜けてそこに立っていたからである。

この時点で、これは警察を呼んでも解決できない問題だと悟り愕然とした。

警察官が帰ってからも、彼の部屋のインターホンは鳴らされ続け、部屋の中には、

「返してください……返してください……」

という声が繰り返し聞こえ続けた。

彼は、恐怖でほとんど眠れないまま朝を迎えた。

悩んだ末、彼は霊感が強いと言われている友人に泊まりに来てもらうことにした。

女は、友人が泊まりに来た夜にも変わらずやってきた。

しかも、そのときの女の顔はもう完全に崩れていた。

血だらけで頭が陥没したその顔はとても人間には見えなかったという。

彼は恐怖に震えながら確信した。

やはりこの女は……マンションから飛び降り自殺した女にちがいない、と。

霊感の強い友人も同じ見立てだった。

「あいつは間違いなくこのマンションから飛び降りて亡くなった女性だ。何か大切な物を探しているみたいだな……」

そこまで話したとき、突然、友人の首ががくんと落ち、そのまま黙り込んでしまった。

「おいっ、どうした、大丈夫かっ？」

話しかけてもまるで反応がない。

代わりに部屋の中には、

「返せ……返せ……」

という声が地鳴りのように響き渡った。

その声はインターホンからではなく、まるでこの部屋の内部から湧いてきているように感じた。

突然、友人が立ち上がった。

相変わらず首を落として俯いたまま、フラフラとベランダのほうへと歩きだす。

そのままベランダでゴソゴソと何かを探しているように見えたが、暫くするとベランダからリビングに戻り、そのまますたすたと玄関まで行くと、ドアを開けて外に出て行ってしまった。

同時に、部屋中に反響していた「返せ……返せ……」という声も聞こえなくなった。が、彼はそのとき、友人のことを心配する余裕などなかった。

何故ならベランダからリビングに戻ってきたときの友人の顔は、明らかに友人のそれではなく、あの玄関のモニターに映っていた、崩れ切った女の顔にしか見えなかったからである。その時点で彼はもう一歩も動けなくなってしまっていた。

朝になり、恐る恐る玄関から廊下に出てみると、そこで友人が座り込むようにして気を失っていた。どうやらあの女が来てからの記憶が一切飛んでいるらしかった。

それから、その女が彼の部屋にやってくることはなくなったが、結局、その女が何を返してくれ、と言っていたのかは未だに謎のままだそうだ。

真夜中にベルが鳴る

こちらは前の話の名古屋の彼とは逆に、通勤時間が掛かっても戸建てに住むことを優先した女性の体験談である。

彼女は東京の大学を卒業すると、そのまま地元には戻らずに都内の会社に就職した。

両親からは約束が違うと激怒されたようなのだが、やはり一度都会に住んでみるとその快適さは地元である地方都市とは雲泥の差であり、たとえ勘当されたとしても地元に帰る気にはなれなかったそうだ。

ただ唯一、都内の狭っ苦しいアパートやワンルームマンションでの生活にだけは慣れなかったそうで、かなりの通勤時間が掛かることにはなったが、隣県で一軒家を借りて生活することにした。実際、古い賃貸住宅を探してみると、都内のアパートやマンションよりも随分と安い家賃で借りることができることが分かった。そのために通勤時間が二時間近く掛かることになってしまったが、彼女自身はそんな生活に満足していた。

彼女が賃貸で住み始めた古い家は庭こそなかったが、建物自体はかなりの広さがあり、独り暮らしの彼女にはとても使いきれる部屋数ではなかった。

そのため彼女は主に一階のスペースを使って生活し、二階で使うのは寝室にしている一部屋だけという形にした。そのほうが掃除も楽であるし、次に引っ越すことになったときも荷物を纏めるが楽だろうという判断だった。これは俺も新婚時代に住んだ中古住宅で経験があるので、よく分かる事情だった。

それから彼女には、もう一つ妙な拘りがあった。

それは固定電話を家の中に置くということだった。

勿論、携帯も持っており、ほとんどの連絡は携帯電話で済ませていたのだが、それでも何故か家の中に固定電話がないと落ち着かないのだという。

実際には通勤時間にかなりの時間を要し、家にいる時間など寝ているときと休日くらいしかないので、無駄と言えば無駄である。だが、これも精神的な安定に関わることなので、彼女にとっては無駄ではなかった。

その日も彼女は定時に仕事を終えると、急いで帰路に就いた。

地下鉄と電車を乗り継いで最寄りの駅まで辿り着いた彼女は、そこから自転車に乗って自宅へとペダルを漕いだ。

途中、スーパーに寄って食材を買い込み、自宅に着いたときには既に午後八時を回っていた。

まずは風呂に入って今日の汚れと疲れを落とす。それからのんびりとテレビを観ながら買い込んできた惣菜と缶ビールを楽しんでいると次第に眠たくなってきた。

翌日も仕事があったので、彼女はそのまま早めの時刻に寝てしまうことにして、二階の寝室へと上がった。

ベッドに潜り込んだ彼女は仕事の疲れもあってか、一瞬のうちに深い眠りへと落ちていった。こんな風に睡魔に負けて早く寝てしまうことはよくあったが、そんなときでも彼女は朝まで一度も起きることなく眠り続けるのがいつものパターンだった。

しかし、その夜は違った。

ピロピロピロピロ……ピロピロピロピロ……。


突然、彼女は真夜中に鳴り始めた電話のベルで目を覚ますことになった。

時計を見ると時刻は午前二時半を回っていた。

(こんな時刻に何の電話?)

寝ぼけ眼でそう思った彼女は枕元に置いてあった携帯電話を確認した。

ところが、携帯に着信は残されていなかった。

友達ならば携帯に電話をしてくるはずだ。

だから彼女は、もしかしたら実家の誰かに何かあったのかもと、考えたという。

嫌な予感がした彼女はベッドから起き上がると、寝室に置かれている電話の子機を手に取ろうとした。

——と、そのとき。

突然、電話のベルが鳴り止んだ。

(え?)

彼女は思わず固まってしまった。

電話のベルが鳴り止んだのは、電話が切れたからではない。

一階の親機のほうの固定電話に誰かが出たから……。

それで呼び出しベルの音が聞こえなくなったのは、子機に点いた通話中のランプがしっかりと物語っていた。

しかし、当然のことながら彼女は電話に出た覚えはない。

それでは、いったい誰が……？

彼女は思わず、真っ暗な一階のリビングに置かれた電話の受話器を、誰かが取ったところを想像してしまった。

いや、想像ではなく、そのときの状況からはそう判断せざるを得なかった。

今、この家に、侵入者がいる。

泥棒が家の中に侵入したのだろうか……？

ただ、もしかしたら電話機の誤作動という可能性も捨てきれなかった。

だから、彼女は手に持った子機をそっと耳に当ててみた。

プープーという音は聞こえなかった。

やはり電話は誰かと繋がっているのだろうか？
彼女は思わず手に持った子機を強く耳に押し当てた。
何か……誰かの声が聞こえるかも？
そう思ったのだという。
すると、微かに荒い息遣いが聞こえてきた。
しかもそれは男性のものではなく、明らかに女性の息遣いに聞こえた。
かなり高齢の女性の息遣い……。
そんな気がした。

〈そこにいるのかい……今から……〉

途切れ途切れにそんな言葉が聞こえた途端、電話はぷつりと切れた。
彼女は何が起こっているのか理解できず、その場で固まっていた。
どうして電話が突然切れたのか？
今、女は何と言ったのか？

どうして知らない女がこの家の電話に出ているのか？

全てが完全に理解不能だった。

どうしよう？

やはり警察に電話しなくては……。

そう思った刹那、突然二階へ上がる階段を誰かが上がってくる足音が聞こえてきた。

ゆっくりとした足音だったが、一段上がる度に、階段は嫌な音を立ててギシッギシッと軋《きし》む。

彼女は硬直したままなすすべもなくその音を聞いていた。

だが、あともう一段で二階というところで、突然我に返った彼女は、電話の子機を取ると、親機に内線を掛けていた。

どうして真っ先に携帯から警察に電話しなかったのか、自分でもよく分からない。

ただそのときは何故かそうしなければいけないのだという確信があった。

彼女が鳴らした内線の呼び出し音がすぐ近くで聞こえた。

どうして電話の音が近づいてきているのか一瞬分からなかったが、それは先ほど一階の親機に出た女が階段を上りきり、寝室の目の前まで来ているからだとすぐに理解した。

その瞬間、彼女は電話の子機に向かって叫んだ。

「ごめんなさい……！　すぐにこの家から出て行きますから……！」

これもまた何故そんなことを口走ったのか分からない。

彼女は直感のまま頭に浮かんだ言葉を叫ぶと、子機を掴んで固まっていた。

寝室の外からは何も音は聞こえなかった。

それでも彼女は恐怖に震えたまま、まんじりともせずに朝を迎えた。

完全に外が明るくなり、家の中にも朝の光が差し込んできた頃になって、ようやく彼女は固まった状態から立ち上がり、恐る恐る寝室から二階の廊下へ忍び出た。

が、そこで目にしたものに一気に全身に鳥肌が立った。

二階の廊下には、一階のリビングに置かれていたはずの電話の親機がポツンと置かれていた。

電話線が繋がっていない状態で……。

彼女は昨夜の出来事が決して夢などではなかったのだと思い直し恐怖した。

その日は仕事を休み、すぐに引っ越し先を探した。

そうして無事に新居へと引っ越した彼女だが、今度は小さなワンルームマンションを即決し、更に固定電話も設置しなかったという。

それ以後、彼女に怪異は起こってはいないが、あの夜起きた怪異の理由は未だに説明が付かないのだそうだ。

禁忌のバイト

これから書く話は、本当に怖い話になる。

俺も間接的に関わったリアルな出来事であり、当然これから書いていく話は全てが事実に他ならない。

ある意味俺は単に巻き込まれる形になっただけ……。

つまり当事者ではない。

もしも当事者だったとしたら、俺はこの話をここで書くことすら叶わなかっただろうと思う。

何故なら、かなりの確率でとり殺されていただろうから。

しかし、当事者でないにも拘わらず、長い間、得体の知れない恐怖に苦しめられた曰く付きの話でもある。

今も、恐らく、これからも。

この恐怖は俺の中で、永遠に朽ちてはくれないものだと思っている。

世の中には危険なバイトというのが少なからずある。

例えば、病院の死体安置所での死体のホルマリン漬け作業といった都市伝説的なものから、製薬会社の臨床実験で人為的にわざと骨を折ってその回復経過を臨床する本当に危険極まりないバイトまで、ひとくちに危険と言ってもその種類は様々だ。

中には犯罪に巻き込まれる可能性もあるような違法なバイトもあるだろう。そこまで行くと裏バイトなどという言葉で語られることも多いが、実際にはそんな危険なバイトをした経験がある人はそう多くはないと思う。

しかし、そうした裏バイトというものがこの世に存在していることは事実であり、それは案外身近な場所にも存在しているものである。

実際、今から書く危険極まりない裏バイトも、大学時代の俺のすぐ身近なところに存在していたのだ。

その危険なバイトの内容とは、事故物件の家やマンションに一定期間だけ契約しそこで生活するというものだった。

自殺や他殺、発見が遅れた孤独死、はたまた、火事なども事故物件のカテゴリーに入ると思う。

それらの事故物件に関しては、借り主に対して事前に「事故物件」である旨を契約時に説明しなければいけないルールが当時から存在していた。

しかし借り主に申告しなければいけないのは、あくまで事故後最初の借り主まで。

つまり二人目以降の借り主に対しては、事故物件であるということを告知しなくてもいい暗黙のルールがあった。

当然、事故物件となると売るのも貸すのも難しくなるから、実際の相場よりかなり安い価格に落とさないと、誰も見向きもしない。

だから当時から不動産関係の会社は、バイトを募集して一時的にその物件を賃貸契約させ、一定期間無事に住んでいたという既成事実を作ったのちに、二番目の借り手に何食わぬ顔で貸すということをやっていた。

今は、そういうことでは事故物件の申告義務が消えたりすることはないのかもしれないが、その当時はそういうグレーゾーンが確かに存在していて、またわざとそういうバイトばかりを探して暮らしている大学生もいたのだ。

理由は勿論、バイト代が高額だったから。

苦学生で本当に金に困っている者もいたが、危険とか怖いとかいうことよりも、楽をして高いバイト料を稼ぎたいという者も多かったと思う。

そして、これは俺が大学二年生のとき、一学年上の先輩達が体験した話になる。

どうやら彼らは以前から事故物件に絡んだバイトを幾つかこなしていたようであり、そのバイト料の高さ、そして思ったよりも楽な仕事内容に、完全に味を占めていたようだった。

何しろ、そのバイト期間中にやることと言えば、ただその部屋に住み続けるだけ。一週間、長くても一カ月程度、ただその部屋に住んで普通に生活し、周囲の住人に、ちゃんと住んでますよ、とアピールすれば良いだけなのだから。

昼間は大学に行き、夜は友達を呼んで毎日その部屋で宴会をしていれば、あっという間に契約期間が終わり、それでOKという夢のようなバイト。

そんな普通の生活の延長と変わらぬ、遊びのような仕事が、一回の契約につき三万〜五万位は貰えるのだから確かに味を占める気持ちも分かる。

だが、幸か不幸か彼らはまだ知らなかったのだろう。

世の中には本当に危険で、命に関わる事故物件が存在しているということを——。

そのときの物件というのは、新築の賃貸マンションであり、そこに住んでいた女性が、強盗によって殺されたという事故物件の中では最も嫌がられる部類のものだった。

事件の後、空き家となった部屋からは毎夜、女性の悲鳴や泣き声が聞こえてくるという噂が立った。

そのまま空き家状態が続けば、不動産屋としては家賃収入が見込めず、最悪の場合、周囲の住人も出て行く可能性がある。

これは早急に手を打たねばならないということで、以前から不動産関連の裏バイトをしていた彼らのところに話が来たらしい。

彼らはその依頼に迷うことなく飛びついた。

いつも以上に高額なバイト料を提示され、ほくほくしていたぐらいだ。

その先輩達とは、大学で同じ自動車部に所属しており、ツーリングやレース活動も一緒になって取り組んできた仲だった。

だから彼らがそういうバイトをしていることも俺は知っていた。

そして、その当時から俺は、友達の間やサークル内で「そういうモノが視える奴」と認識されていたのだと思う。

だからいつも、そういうバイトのときには、事前に彼らに頼まれて下見をさせられていた。

内心、断りたかったが、当時の大学の自転車部では先輩・後輩の関係は絶対であり、先輩の頼みを断るという選択肢は存在していなかった。

ただし、実際に事故物件の下見に行ってみると、「何もいない」「感じない」場合が殆どで、先入観的な恐怖心から噂が大きくなっただけで、単に思い込みからの錯覚というものが大部分を占めていた。

稀に、本当に視えたとしても「台所の隅っこに男の人が座っていますけど、悪意は感じませんので、普通に生活していれば、大丈夫ですよ」とアドバイスする程度で済んでいた。

今までがそんな感じで無害な場合が多かったから安心してしまったのか、それとも単にタイミングが合わなかっただけか分からないが、何故かそのときには、件の事故物件の下見に呼ばれることはなかった。

そう、俺が先輩に呼ばれることになるのは、もう少し後になってからになる。

その物件は、殺人現場であり、かつ心霊現象の噂もかなり顕著だったこともあり、危険度が高いと判断されたのか、当初は彼らの中から一人だけが賃貸契約をして一週間住み続けるという契約だったらしいのだが、実際にそのバイトに臨む際には三人で共同生活をすることになった。

しかもそれは彼らのほうからの希望ではなく、不動産会社からの提案だったと言うのだからその危険度は察するにあまりある。

だから本来ならその時点でそのバイトからは手を引くべきだった。

しかし、そのときの彼らにとっては、一人分でも十分に高額なバイト料が三人分に増えたという程度にしか感じていなかったのだろう。

賃貸契約を結んだのは、芦屋の高台にある高級マンション。

建物自体も新築に近く、部屋も見晴らしの良い三階ということだったから、事故物件でなければ、それこそ誰もが一度は住んでみたいと思うような好環境だった。

おおまかな部屋の間取りは、玄関ドアを開けると広い廊下がまっすぐに伸びており、右側にトイレ、左側には洗面所と浴室がある。

廊下の突き当たりには広いリビングがあり、リビングの上部はベッドスペースとなるロフトが付いている。

収納も素晴らしく、リビングの一面には大きなクローゼットが備わっていた。

またリビングからお洒落なバルコニーに出ると、白いテーブルとリクライニングチェアーが設えられていて、何とも優雅である。またそこからの眺望が実に素晴らしかった。リビングに入る手前を右に入ると、これまた豪華なキッチンがあり、彼らがそれまでの裏バイトで泊まってきたマンションや戸建てとは桁外れのランクであった。

バイトの最初の仕事は引っ越し作業になる。

引っ越しと言ってもそれはあくまで形だけで、空の段ボールを幾つか運び込み他のマンションの住人や近所にわざと目立つようにアピールするのが目的だ。

実際には、カップ麺などの食べ物と、小型テレビ、ミニステレオ、そして生活に必要な最低限の小物しか持ち込まない。

何か足りないものが出てきたら、近所のコンビニで買い込んでくれれば、それで十分快適に過ごすことができた。

そんなまやかしの引っ越しが済めば、後は部屋にいようが外出しようが制約はない。

「夜には必ずその部屋で寝泊まりする」という取り決めさえ守れば、うるさいことは言われなかった。

彼らは退屈な夜にならないように、いつもお酒を持ち込んでは宴会を開き、にぎやかに夜を過ごすようにしていたらしい。

ただ、その部屋がこれまでこなしてきた物件とは明らかに違うのだということを、彼らは引っ越し時点で身を以て知ることになった。


引っ越し荷物を運び入れるため、最初に部屋の玄関ドアを開けたときのことだ。廊下の先に女が立っているのを、彼ら全員がはっきりと視てしまった。

ほんの一瞬の出来事だったが、間違いなく女がこちらを見て睨みつけていたような気がする。その後はふっと消えてしまったが、初めての体験に驚いて大声を出してしまう。

しかし、高額なバイトであり、さらに一人きりではなく三人での共同生活、ということで恐怖は緩和されてしまう。

最初のビビりは何のその、彼らは臆することなくそのまま引っ越し作業を進めていった。

元々仮住まいであるから、片付けもあっと言う間、一時間足らずで引っ越しは完了してしまった。

しかし怪異は、一日目から容赦なく彼らを襲った。

まず気付いたのは床に落ちている長い髪の毛だ。

業者によって掃除は完了されているはずだというのに、部屋の中には廊下からリビングまで、至る所に長い髪の毛がまんべんなく落ちていた。

何かの手違いで掃除されていなかったのだろうかと思ったそうなのだが、殺人事件の起きた物件でそんなことはあり得ないのだろう。

仮にそうだとしてもそれだけ大量の髪が床に散乱しているということ自体、あまり掃除をしていない家でもそうそうない。

仕方なく部屋に置いてあったホウキでその長い髪の毛を片付けたそうなのだが、気が付くとつい今しがた掃除したはずの場所に同じように長い髪の毛が落ちていたそうだ。

何度掃除しても、どこからか湧いて出てくる長い髪の毛……。

まるで、自分の存在を主張するかのようなそれがひどく気味悪かった。

その後も、勝手に浴室の蛇口からお湯が出たり、壁をトントンと叩く音が聞こえてきたり、不可思議な現象は続いた。

テレビが突然点いたり消えたりは物凄い頻度であったらしい。

そんな数えきれないほどの怪奇現象の中で最も露骨だったのは風呂に入ったときのことだった。

その頃にはもう彼らの頭の中は恐怖でいっぱいだったらしく、風呂に入るのすら三人一緒に入ったそうだ。

高級マンションらしい浴室の広さに感謝したらしいが、彼らが浴室の中にいたとき、浴室のドアの向こう側に明らかに誰かが立っている姿が曇りガラス越しにはっきりと視えた。

思わず浴槽の中に逃げ込もうとした彼らは、浴槽のお湯の上に長い髪の毛が、びっしりと浮かんでいることに気付き、その場で固まり動けなくなった。

普通ならば、これだけ立て続けに怪異が起これば、さっさと逃げ出すのが当たり前なのだが、彼らには三人一緒なのだ、という意味のない心強さと、高額なバイト料が頭から離れなかった。

そうなると、人間というものは、冷静な判断ができなくなるのかもしれない。

彼らはまだその部屋にい続けることにした。

そしてその晩、彼らが寝ていると廊下のほうから、ズルッ……ズルッ……

と何かを引き摺るような音が聞こえてきたという。

それだけではない。

彼らはバルコニーに立ってコンコンと窓ガラスを叩いている女の姿を視てしまう。

こうなるともう逃げ場はどこにもない。大の男が三人、固まるようにして布団の中で震えているしかなかった。

ズルッズルッという音とコンコンという音は朝方まで続いていたが、明るくなる頃には聞こえなくなったそうだ。

そして、何とか朝になったところで、彼らは俺に電話を掛けてきたという訳である。

電話で、これまでの話を早口でまくしたてられ、何とかしてくれと懇願された俺は、とうとうその物件に間接的に関わることになったのである。

先にも書いたが、先輩の頼みを断るという選択肢など最初から持ち得なかった。今すぐ来てくれと言われればもう、その部屋に向かうしかなかったのである。

とはいえ、当時俺が住んでいたのは神戸市西区。

件のマンションがある芦屋市まではかなりの距離があった。

また、バイトのシフトも入っていたから現地に到着したのは、もう日も暮れかかった午後六時頃になってしまった。

現地に行き、最初に気付いたのは、周囲の建物に比べて、何故かそのマンション全体が、薄く靄が掛かったように見えたことだった。

指定された部屋のインターホンを押すと、待ち構えたように彼らが飛び出てきて「遅すぎるぞ！」と文句を言われた。

まずは上がれと言われたが、一旦彼らと外に出て、マンションの近くから外観を観察することにした。

先ほどの靄をもう一度確かめたかったのである。

マンションの周りをぐるりと回りながら観察すると、やはりマンション全体に霞が掛かっているように見えた。

しかも、件の部屋の辺りには、やけに黒い霧が掛かっているように見えた。

だが、それより何より、その部屋のひとつの窓から、女がじっとこちらを睨んでいるのが俺にははっきりと視えていた。

しかし、どうやら彼らには霞も黒い霧も、そして女の姿も視えていなかったようだ。

俺は部屋の中を見せてもらう前に彼らに質問した。

何があっても、このバイトを続けるつもりですか、と。

すると
「当たり前や!」

「こんなおいしいバイト、辞める訳ないやろ?」

「続けるためにおまえを呼んだやろ!」

と秒で返されてしまう。

本当はその時点で、

「こんなことしていたら命が幾つあっても足りません……今すぐ中止するべきです!」

そう彼らに進言するべきだった。

しかし、俺の言葉など聞く耳すら持っていないのは過去の経験からよく分かっていた。

どれだけ言っても従ってもらえないのだから、せめて必要以上に彼らを怖がらせるような言葉は言わないでおこう、と心に決めた。

勿論、それは彼らのためという意味合いもあった。

必要以上の恐怖は幻覚や幻聴を引き起こし、危険な行動に出る恐れがあったからだ。

しかし、理由はそれだけではなかった。

正直なところ、その部屋はおろか、マンション全体からもそこに入ることを躊躇《ちゅうちょ》させてしまうような威圧感があった。

それほどの威圧感は俺も初めての経験だった。

だから本当は絶対にそのマンションには近づきたくなかった。

しかし、後輩という立場の俺にはそれが許されてはいなかった。

だったら、自分自身のセンサーに蓋をして、できるだけ怪異に気付かないようにしたほうが得策だ、と思ったのだ。


俺は今すぐその場から逃げ出したい気持ちを必死に抑えながら、彼らに背中を押されるがまま、再びマンションの中へ入った。

白く立派な建物で、エントランスにも大きな大理石がふんだんに使われており、確かに高級マンションであることは、疑う余地はなかった。

だが、マンションの中に入った途端、痛いくらいの耳鳴りに襲われた。

そして俺は気が付いた。

エントランスに入った時点で、三人の女の霊が近くに立っていた。

それも、ただ立っているというのではなく、明らかに入ってくる者に対して敵意を持った怒りの表情で威嚇してくる。

俺はさっさと部屋に上がろうとエレベータのボタンを連打した。

エレベータはすぐに降りてきたが、ドアが開いたのを見てまた絶句した。先ほどの三人とはまた別の女の霊が二体、エレベータの中に立っていた。

それを見て、さすがにエレベータに乗る気は失せてしまった。

密室に、男四人と霊が二人など洒落にならない。

「三階なら階段で行きましょうか！」

不思議そうな顔をしている彼らに悟られないように、俺はそそくさとエレベータ横の階段を上りだし、彼らも渋々それに続いた。

しかし、階段を上っていく俺達の前には、階段の端や踊り場に何人かの霊が立っており、それらも漏れなく俺達を睨んでくる。

何故、こんなにもたくさんの霊がいるんだ……？

おまけにどうしてこいつらはこれほど怒りに満ちた顔で睨んでくるんだ……？

そんな思いばかりが頭の中を駆け巡っていた。

俺はできるだけそれらに気付いていない振りで、そちらに視線を向けないようにしながら黙々と階段を上り続けた。

三階に到着し廊下に出たものの、やはり廊下も無数の霊で溢れかえっている。

しかも、ここまで全てが女の霊だった。

「うわ……」

思わず口に出してしまった俺に、彼らの目が不安そうに揺れる。

「おい、何だよ」

「どうした？」

「何か視えてるのか？」

焦った口調で問いただされるが、俺は平静を装いつつ
「いや、別に！」

と誤魔化すしかなかった。

そして、再び件の部屋の前へとやってきた。

俺は静かに、ゆっくりと玄関ドアを開けた。

まず目に入ってきたのは、廊下に正座して座る女。

しかも、大きく目をカッと見開いて、こちらを睨みつけた後、ふっと一瞬で消えた。

俺はそのとき、驚きや恐怖とともに不可解な疑問が頭の中を駆け巡っていた。

俺が最初にマンションにやってきてこの部屋のインターホンを押したときには、確かに異様な気配は感じていたが、何かの霊を視てしまうということはなかったはずだ。

それがどうして一度マンションの外に出てから戻ってきたら、こんなことになっているのだろう？

エントランスから部屋まで、ほんのわずかの間に大量の霊が集まってきてしまったように思える。

しかも、霊は全て女の霊であり、そのどれもが怒りに歪んだ顔をしている。

このマンションは一体どうなっているんだ？

もしかして、土地自体に問題があるということなのか？

そして、最も不思議だったのはこんなマンションに他の部屋とはいえ、人間が普通に生活できるものなのかということだった。

しかし、どれだけ考えても机上の空論であり、答えなど見つかるはずもない。俺はただ茫然とその場に立ち尽くすしかなかった。

暫く固まったまま動けなくなっていると、彼らは畳みかけるように一斉に説明を始めた。

「実は、この玄関ドアを開けたとき、三人が同時に女を見てるんだけど……」

「最初は気のせいか、ということになったんだけど、どうだ？」

「やっぱり何か視えるのか？」。

そう聞かれても馬鹿正直に「はい、いますね……凄いのがいっぱい！」とは言えず、曖昧な言葉しか返せない。

「うーん、よく分からないですね。でも、霊感がないのなら多分、大丈夫じゃないですかね…」

と適当に返事をする。

先輩達の後について、いよいよ部屋の中へ。

風呂場、トイレの位置など説明されながらリビングへと案内された。

そして、リビングに入った途端、とてつもなく嫌な異臭がして、俺は思わず鼻をつまんだ。

真夏に生き物が腐乱しているような異臭……。

「何か異様に臭いますね」

と言うが、彼らは何も感じないらしい。

「別に……何も臭わんけど……。なあ？」と普通に返された。

まあ、実際に住んでいる彼らが気にならないなら、特に異論を唱えるつもりもない。

俺がずっと鼻をつまんでいれば良いだけのことだった。

リビングに一歩足を踏み入れ、そのまま俺は動けなくなった。

先ほど、廊下に正座していた女が、部屋の隅に立っていた。

その視線は明らかに俺に向けられており、怒りに満ちたその顔に初めて殺意というものを感じて動けなくなってしまっていた。

それでも、それが危険な状況だということは容易に理解できた。

視えているという事実を悟られないように、視線を逸らしながらその場に腰を下ろして先輩達と会話を続ける。

だが、どうやらその女は「俺が見える人間なのか」を確かめるつもりなのか、少しずつこちらへと近づいてくる。

さすがに、まずい、と感じた俺は一度視線を床に向け暫く経ってから再び元の位置に視線を戻した。

刹那、「ヒッ！」と小さな悲鳴を上げてしまう。

俺の顔から十センチも離れていないところに女の顔があったからだ。

それも恐ろしい形相をして……。

女はスッと立ち上がると、そのまま後ろへ平行移動するように、直立姿勢のまま壁の中に消えていった。

気味の悪い薄笑いを浮かべながら。

俺の様子を見た彼らは、

「どうした？」

「やっぱり何か見えたんか？」

と騒ぎだす。

そのとき、俺はもう限界に達していた。

「いや……あの……はっきり言いますけど！　今すぐにこの部屋から逃げるべきです！

この部屋というか、マンション全体がヤバイ！　ヤバすぎます！　高額なバイト料も大事かもしれませんけど、死んだら何にもなりません！　ここにこのままいたら本当に殺されますよ！」

怒鳴るように一気にそう言い放った。

俺は本気で死ぬのが怖かった。

そのマンションに巣くっている女達からは、はっきりとした殺意が強く伝わってきていたから。

それほど危険で邪悪な霊というのは、俺にとって初めての経験だった。

しかし、残念ながら俺の言葉は彼らには届かなかったようだ。

「それじゃ……もうおまえは帰って良いぞ……」

「少し怖がり過ぎなんじゃないか？」

「こんなおいしいバイト、途中で辞められる訳ないだろ……」

彼らは口々にそう返してきた。

俺はもう諦めることにした。

「それじゃ、すみません……。しっかり忠告だけはしましたから……。俺も先輩達の力になりたかったんですけど、もう無理です……。まだ死にたくはありませんから……。先輩達も気が変わったらすぐにここから逃げてくださいね」

俺はそう言うと、逃げるようにしてマンションを後にした。


今にして思えばあのとき力ずくでも彼らを連れて逃げていれば……と後悔する気持ちもあるが、あそこで一人で逃げたこと、そしてそれ以上深入りしなかったことが、俺が奇跡的に助かった境界線だったのかもしれない。

事実、俺はその後、あの女の霊にずっと付きまとわれることになる。

マンションから逃げ帰った直後から二日間、俺は高熱で寝込んだ。

その間、女はずっと俺の部屋の中に立っており、熱に魘《うな》される俺の顔を時折覗き込み、観察するような動きをした。

それは、俺が死ぬのを待っているかのようにも思えた。

そのときの薄気味悪い笑い顔と、熱が下がってその女の霊が部屋から消えていくときの悔しそうな顔は今でも忘れることができない。

また、大学にいるときも、バイクでどこかへ走りに行ったときも、その女は行く先々に姿を現した。

そしてただじっと俺を睨みつけると、そのまま何もせずスーッと消えていく。

毎回毎回、悔しそうな顔を浮かべて……。

それはまるで俺に対して、「これ以上介入するな」と忠告しているようでもあったし、同時に、おまえはまだ死んでいないのかと確認しに来ているようにも思えた。

それは彼らが最悪の結末を迎える日まで続くことになる。


ひとつ言っておかなければならないのだが、俺には霊を視たり感じたりすることはできても、祓ったり成仏させたりといったことは全くできない。

心霊スポットに行き、憑依されかけた友人を救ったことはあったが、それもあくまで偶然であり、幸運だっただけ。きっとその霊も、それほど強い恨みの念を持っていた訳ではなかったのだろう。

しかし、現世にいるのは、そんな簡単な霊ばかりではない。

もっと危険で邪悪な霊がたくさん存在しているのだ。

そういう霊に対しては、素人の真似事のような対処法など何も意味を持たない。

実は俺が逃げ帰った後、彼らもこれはかなりヤバイのではないかという意識は持ったらしく、慌ててお守りやお札を買いこんできて、それを部屋の中やマンションの至る所に貼ったそうだ。

ただ、本当に徳の高い術者が現状を把握し、その因縁の根源を理解した上で作ったお守りやお札でないと、効果は期待できないのかもしれない。

事実、この件に関してはかえって霊達を怒らせてしまったようだ。

件のマンションに関しては、

・そこに巣くっている女の霊達がどうしてあのマンションに引き寄せられ、あれほど大量に集まってしまったのか？

・あの部屋にいた女の霊は本当に事件で殺された女の霊なのか？

・さらには、あのマンションに巣くう女達はどうして一様に怒りに満ちた顔で殺意を剥き出しにしてきたのか？

それらの疑問が何ひとつ判明していないのだから、確かに普通に売られているお守りや護符をどれだけ貼ったとしてもその効果は期待できないのだろう。

そして、そんな霊達の怒りの増幅は、彼らの目にもはっきりと見える形で現れた。

部屋に貼ったお札が細切れに破かれ、お守りもお札も全て黒く変色してしまったのだ。

部屋の四隅の置いた盛り塩も、茶色く変色しベタベタとした液状になって部屋の中に散乱していた。

この時点でさすがに彼らもことの重大さを悟ったのかもしれない。

どうやら彼らの一人は四国の出身らしく、人伝《ひとづて》に何とか霊能者を紹介してもらったそうだ。

電話で打ち合わせして、一週間後にはその部屋に来てもらい、しっかりとしたお祓いをしてもらうということで話が決まった。

ところが、その電話の終わり際にその霊能者から言われたのは、

「この電話を切ったらすぐにそこから逃げなさい」

「どこでも良いから一番近くの神社に逃げ込みなさい」

というものだったそうだ。

勿論、そのときの彼らにとってその霊能者の言葉は絶対的なものであり、すぐにその部屋から退去しようとしたらしいのだが、契約不履行をちらつかせてきた不動産会社によって、それは叶わなかった。

彼らはそのまま一か所に固まって震えながらその部屋で過ごすことになった。

怪異はもう、昼夜を問わず露骨に発生するようになっていた。

ドアや引き戸を開けると、そこに誰かが立っているのが当たり前。

昼間でも、ひそひそと話し声が重なるように聞こえてきたし、夜ともなれば不気味な鼻歌のような歌声が朝方まで聞こえていたという。

そんな状況下でも彼らはそこから逃げることができなかった。

恐怖にも「慣れ」というものが存在するのは分からなくもないが、そんな状態になってもそこにい続けたのは、既に彼らの精神が病んでしまっていたからなのかもしれない。

霊の姿を視ても普通にやり過ごすようになってしまったこと。

それは恐怖の対象物を恐怖と感じなくなってしまっていたということだ。

確かに約束した霊能者は一週間後の日時にその部屋にやってきた。

しかし結論から言うと、完全に間に合わなかった。

全てが終わった後、だったのだ。

実は、俺がそこから逃げ出してから五日目の昼間、彼らの一人から電話があった。

「あのな。おまえだからはっきり言うけど、まず二日目の時点でAがおかしくなってしまった。声も違うし、いつもブツブツと何か恨み言のような言葉を呟いてる……。で、その翌日にはBがおかしくなった。Aと同じような状態なんだ……。

だから今、俺は一人きりで孤立している。気が付くと、AとBが俺の顔を窺《うかが》いながら、ひそひそと話してる……。でも俺が「どうかしたんか？」と聞いてもニタニタと笑うだけで何も返ってこない。

まあ、AもBも疲れてるのかな、と思ってたんだけど、ついさっきも俺がうとうとしてしまって、ハッと顔を上げると、あいつらがギラギラした目で俺を見てたんだ……。

あの顔は絶対にあいつらの顔じゃなかった。というより……人間の顔には見えなかった。

俺……本気で怖いんだ。どうすれば良い？

そりゃあ、ここから出るのが一番なのは当然だが、あいつらを残して一人で出て行けないだろ？　それに、俺が部屋の中を移動するだけで、行く先々全てで、知らない女が現れて通せんぼしてくるんだ。

だからきっと、自力でここから出ること自体、無理だと思う。

この電話を掛けているのも、無理やり電話線を引っ張って押し入れの中から掛けてるんだ。電話機が生きていてくれて本当に良かったけど……。

だから、こんな状況下で自分の身を守るとしたらどうすればいい？　何か手はないのか？」と。

そう聞かれても、俺にはそんな知識など持ち合わせてはいなかった。だから、俺は、

「念仏でも何でも、取り合えず知っているものを適当に唱えながら、一気に部屋の外に飛び出すしかないですよ。

前に女が現れても、他の先輩達が現れても、ぶつかってでも外に出るしかないと思います……。気の毒だけれど、他の二人は現時点では諦めるしかないと思います……」

とだけ伝えた。

先輩の落胆した声が、俺にも辛かった。

そんな電話の最中も、電話の後ろからは、ゲラゲラと笑う女の声や何かをガリガリと引っ掻くような音が大きく聞こえていた。

俺は電話を掛けてきてくれた先輩がすぐに決断し、行動してくれることを祈った。

しかし、彼にはそんな冷酷な決断はできなかったのだろう。

そして、その晩、事態はクライマックスを迎えた。

電話を掛けてきた先輩は夜中に、苦しくて目を覚ました。

目を開けるとAが馬乗りになり、首を絞めている。

必死にもがきながら横を見ると、Bが、真っ暗な部屋の中でゴソゴソと動き回っていた。最初は何をしているのか分からなかったが、それが首を吊る用意を黙々としているのだと次第に理解できたそうだ。

「やめろ！」

AとBに呼びかけたが、全く反応がない。自分の首を絞めてくるAの手を必死に掴むので精一杯だったそうだ。

そして、Bが部屋の中で首を吊る準備を整え終えたとき、壁の中から、ベランダの外からも、無数の女達が現れた。

壁の中からスーッと現れるもの、床から、ずるりと浮かび上がってくるもの。

女達はみな満足そうに気味の悪い薄笑いを浮かべている。

そして三人を囲むようにして、その輪は次第に小さくなっていく。

そのとき、Bが自分の首に縄を掛け、Aさんにも、首に縄を掛けるように促した。

Aが、縄を貰うために、片手を離した隙、首を絞められていた先輩は、咄嗟《とっさ》に飛び起きると、聞いたことあるお経のようなものを真似ながらバルコニーへ走った。

もう迷っている暇はなかった。

彼はそのままバルコニーの手摺りを乗り越えるとそのまま三階から飛び降り、地面へと落下していった。

しかし、運が良かったのか、彼はちょうど下に駐車されていた車の屋根に落下した。

凄い音で近隣の住民が起きだすのが分かると同時に「助かったのか?」という安堵感と痛みで彼はそのまま意識を失った。

そして目が覚めると彼は病院のベッドに寝かされていた。


その後、警察から聞いた話では、現場に駆けつけた警察官が部屋で見たのは、首を吊って絶命しているBと、首を吊ったBの足を嬉しそうに下へと引っ張るAの姿だったという。

結局、Bは自殺、Aは精神疾患で入院。

そして車の屋根に落ちて、九死に一生を得た彼は結局、両足と片手の骨折だけで済んだ。

その後、そのマンションは、住民がどんどんと退去してしまい、数年後には完全に廃墟となり、そのまた数年後には建物ごと取り壊されたと聞いた。

そして、Aはどんどん症状が悪化していき今でも重度の精神疾患患者として、独房のような部屋で入院生活を送っているという。

また、俺に関して言えば、実はその後も時折、その女の霊が姿を現し続けていたが、とある霊能者と出会うことでようやくその怪異から解放された。


以上が俺が体験し、見聞きした話になる。

どうしてこの話を再度まとめる形で書こうと思ったのか？

それはつい最近、生き残っていた二人も死んでしまったという事実を知ったからなのだ。

Aも、Cも、いなくなってしまった。

あの話を身近で体験し、生き残っているのは俺だけ……。

だから俺の記憶を総動員して当時の出来事をできるだけ正確に書き残したいと思ったのだ。

そして、危険なバイトに手を出す人が減ってくれれば……と願う。

今はただそれだけだ。

そして、これは余談なのだが、実はこの話を書いていて何度か保存したのだが、何故か保存されていないというトラブルが十回以上発生してしまった。

こんなことはさすがに初めての経験である。

もしかして、この話の禁忌はいまだに続いているということなのだろうか？

やはり、世の中には絶対に関わってはいけない禁忌というものが確実に、そしてすぐ近くに存在しているのだ。

あとがき

一番怖かったのは一巻目の本だな……。

先日、私の本を愛読していただいている仕事関係の方からこんな御指摘を頂いた。

勿論、これは闇塗怪談への感想に他ならないが、私自身とてもショックな言葉ではあった。

私としては新刊を出す度に常に最恐の本にしようと努めてきたのも紛れもない事実。

そして怖さを感じる琴線は人それぞれ違うのだということも十分理解している。

それでもそんな言葉に心が揺れてしまうのは、やはり自分自身が「第一巻が特別であり粗削りな恐怖に溢れていた」と感じているからに他ならない。

だから今回の第七巻は『原点回帰』というテーマを自分自身に課してみた。

ただそれは話の内容を当時に遡って集めたり、文章を粗削りなものに戻そうということではなく、当時のようにもっとダイレクトに光景が脳裏に浮かんでくるような話を集めたということだ。

確かに第一巻を書いた当時に見聞きした話もまだたくさん残っている。

しかし、時代は決して止まらずに進んでおり、それに伴って私の元にもこんな時代ならではの怪異というものも数多く集まってきている。

そんな旬の怪異をリアルタイムで書いていくからこそ怪談は語り継がれていくのだと思う。

以前には他の怪談作家が書かれている話と自分の話を比べて悩んだ時期もあった。

しかし最近は自分でも不思議なくらいに吹っ切れている。

他人の話と比べても意味はないし、何より自分が見聞きした怪異を自分なりの文体で書いていくことしかできないのだから、唯一無二の作品が書ければそれで良いのだと思っている。

コロナ禍という状況にも拘わらず相変わらず私の元にはたくさんの怪異譚が集まってくる。

それは読者の方だったり飲み仲間だったりと様々だが、その中でも霊能者のAさんや姫ちゃん、そして富山の住職といった怪異の最前線にいる人達の側にいるという環境が大きく影響しているのは言うまでもない。

彼らの側には常に怪異がつき纏っており、側にいるだけで予想もできない程の恐ろしい体験が見聞きできるのだから。

それは確かに恐ろしい体験ではあるが、怪談を書く身としてはこれほどありがたいことはない。

相変わらず怪談を執筆していると怪異に遭遇するのは日常茶飯事になっているが、それでも私はまだ死なずに生き残っているということに感謝している。

家族や行きつけのバーのマスター、Aさんや姫ちゃん、住職、そして怪談提供者の皆さんや竹書房の御担当者様には感謝してもしきれない思いがある。

そんな感謝の思いを込めて書き綴ったこの第七巻が、読まれる皆様にとってコロナ禍を忘れさせるほどの清涼剤になってくれれば嬉しい限りである。

二〇二一年六月

営業のK

闇塗怪談 朽チナイ恐怖

2021年7月6日　初版第一刷発行

著者……………………………………………………………………営業のK
カバーデザイン…………………………………………橋元浩明（sowhat.Inc）

発行人…………………………………………………………………後藤明信
発行所……………………………………………………………株式会社　竹書房
〒102-0075　東京都千代田区三番町8-1　三番町東急ビル6F
email: info@takeshobo.co.jp
http://www.takeshobo.co.jp
印刷・製本…………………………………………………中央精版印刷株式会社